U0111467

大展好書　好書大展
品嘗好書　冠群可期

大展好書　好書大展
品嘗好書　冠群可期

武學釋典18

太極密碼(4)
太極十三經心解

余功保　編著

大展出版社有限公司

經拳互用

　　太極拳是身心並練的文化拳、哲拳，練好太極拳要理法兼備，這是前提。太極拳之理最精華部分就是傳統拳論，那麼讀點古拳論是必需的了。

　　說是古拳論，實際上成熟的太極拳論的歷史並不太長，大概幾百年的樣子，有的還不到一百年。但太極拳是中國武術發展到頂峰的產物，無論技術上還是理論上都是水到渠成，並吸收了中國文化的精髓，因此許多拳論都成爲了經典。

　　傳統拳論內容十分豐富，各個時期的拳家也都在不斷補充、發展，各流派的優秀拳家們又都相繼留下了本門派的一些論述，因此積累下來的拳論數量眾多。對於很多太極拳愛好者來說，要把這些拳論都能看到或者看完是一件很困難的事情。況且，由於研究角度、認知水準、學識修養，甚至流傳途徑等多種原因所致，在流傳下來的拳論中，也是良莠不齊的，有些甚至存在著偏頗和謬誤。如果練拳者不加甄別地拿來即讀，不僅對練拳無益，甚至產生誤導。

　　從大量傳統拳論中選擇出最核心的內容，對於當

今廣大太極拳的研習者來說，顯得十分必要。因此，本書算是傳統優秀拳論的選讀本，目的是使習拳者能在較短時間內研習到中國太極拳最精華的理法內容，並少走彎路，方便廣大太極拳愛好者研習。

「經」是中國古代對於能夠成爲經典的文獻的最高評稱。能夠稱爲「拳經」者，必須具備以下幾個條件，一是經歷了時間的檢驗，大浪淘沙；二是經過了廣大群眾的實踐檢驗，立論眞切；三是適用範圍廣泛，不局限於一門一派；四是得到太極拳界眾多名家、專家的肯定認可，具有很高的理論水準。這幾點也正是本書選取拳經的原則和標準。

入選的這十三篇拳經，字字珠璣，句句錦繡，閃爍著太極拳的智慧和光華，對研習太極拳有重要參考價值。這十三部經典文獻，如果練太極拳者一篇都沒有讀過，必爲缺陷。若能通曉全部，太極理法必然登堂入室。

對於一篇優秀拳論，由於古文字的原因以及表達方式的不同和理解水準的差異，不同的人可能有不同的解讀，甚至差別很大。一些拳論由於言簡意賅，更由於它們都與實際修煉相結合，往往沒有到達一定階段很難完全領悟，這也是一些人讀拳論有「滯重」之感的原因。本書在所選的每篇拳論之後，都逐句或逐段進行解析，除了對一些較爲難懂、艱澀的詞語進行注解外，有些文詞通俗易懂，就沒有在文字注釋上多

費筆墨，而是把重點放在其含義的解讀上，故稱爲「心解」。

「心解」一是爲體現力爭透徹、深入，二爲表示「重意不重形」，不拘泥文字束縛而重點說明內涵。希望借此爲廣大太極拳研習者提供一個研讀傳統拳論登堂入室的階梯。特別值得說明的是，一些太極大家用他們的切身感受和透徹理解，對於先人的拳論進行了注解，這是「發乎心」「陳乎理」「取乎用」的精妙再加工，對於我們研讀這些拳論顯得彌足珍貴，本書也選取了部分這類名家對經典拳論的注解，便於大家學習印證。

本書的重點在於對拳論內容進行解析，並非作者及版本考證，故對於書中收錄的多篇拳論以及作者，由於在太極拳界還有一些爭議，在沒有確切其他定論情況下，均暫時沿用通用說法。

太極拳講究虛實，讀拳經也有虛、實兩種讀法。先讀之法，可用「虛讀法」，在初學階段，或者在實踐上還沒有體會到拳經所論的境界時，側重理論上理解爲主，瞭解拳經所言法要，爲今後練拳做好鋪陳。此時讀拳經，不必求甚解，不必一一對應，而著重從大的方面來把握。此「虛讀」非「虛著」，能夠有助於我們從整體上加深對太極拳的瞭解，對練拳過程有水到渠成的幫助效果。

　　後讀之法，爲「實讀法」，即練拳到了一定程度，甚至很高深的功夫層次，此時讀拳經，應著重於對具體功法、技術的理解與掌握，對於拳經所闡明的功夫有了切身的實際感受，此時讀來有豁然貫通之悟，對於練拳中所遇到的疑難有針對性的釋解，這時虛的拳經就變成了對拳的實踐活動有實在指導意義的了。拳經是長看不懈的讀本，隨著練拳的深入，不斷研習拳經有「日日讀來日日新」的妙處。

　　應該指出的是，心解也是一家之言，包括書中選編的部分太極名家的拳論解讀，都作爲參考。廣大讀者以此爲導引，但不可囿於書中觀點。太極拳是一種共性和個性共容的文化形態，共性就是遵循的生命運動、發展規律，個性是在此基礎上高度自由、自如的生命張揚。

　　太極拳的理法需要每個人真正地理解和掌握，太極理法的真髓在每個人身上和心中。

余功保

目　錄

文武聖章
——王宗岳《太極拳論》心解　……………………… 9

拳勢圭臬
——武禹襄《十三勢行功心解》心解　……………… 113

悟真會元
——陳長興《太極拳十大要論》心解　……………… 141

勝戰玄機
——《打手歌》心解　………………………………… 159

大道至要
——武禹襄《四字秘訣》心解　……………………… 165

心法指南
——李亦畬《五字訣》心解　………………………… 171

經緯詩篇
——王宗岳《十三勢歌》心解　……………………… 181

妙諦衍真

——楊班侯《太極拳九訣》心解 ……………………… 187

意氣舉要

——《十三勢說略》心解 …………………………… 209

拳經理學

——陳鑫《太極拳經譜》心解 …………………… 217

內功心印

——《授秘歌》心解 ………………………………… 231

勁氣方圓

——古譜《太極拳輕重浮沉解》心解 …………… 265

拳宗楷範

——楊澄甫《太極拳說十要》心解 …………… 271

文 武 聖 章
——王宗岳《太極拳論》心解

王宗岳《太極拳論》為太極拳「群經之首」，在太極拳發展中產生了巨大的影響力，被奉為「太極聖經」，幾乎成為習練太極拳必讀的篇章。其中的許多句子在太極拳教學、研究中被經常引用，甚至一些初學者也朗朗上口，練拳者也都以王宗岳《太極拳論》為衡量標準，來檢驗自己太極拳功夫的程度。王宗岳也因這篇文章奠定了在太極拳史上獨一無二的學術地位。

王宗岳為明代山西人，也有人認為其乃清乾隆時期人。除《太極拳論》外，還著有《陰符槍譜》等，後世還流傳有一些託名王宗岳所作的拳論、歌訣等。

《太極拳論》的問世並產生廣泛影響，則由於武式太極拳創始人武禹襄等人的大力推介。

武禹襄長兄武澄清，字霽宇，晚號秋瀛，清廣平府永年縣人，咸豐壬子進士，曾任河南省舞陽縣知縣，也是太極拳專家。傳其於該縣北舞渡鎮鹽店內得山右王宗岳《太極拳譜》，交給武禹襄帶回永年。武禹襄對其深入研讀，奉為楷範。後經過武禹襄、李亦畬、李啟軒等人講傳，王宗岳《太極拳論》便廣泛流行於世。現在看到的有關王宗岳《太極拳論》的最早文字記錄就是在李亦畬手書太極拳

譜「老三本」中，其中有一章題為《山右王宗岳太極拳論》，詳細記載了《太極拳論》的內容。

概括起來說，王宗岳《太極拳論》具有幾個顯著特點：

（一）普適性

與很多拳論的流派特色鮮明不同，王宗岳《太極拳論》幾乎適用於所有的太極拳流派，因為它論述的是太極拳最基本也是最核心的原則，這些原則為眾多流派的太極拳所共同遵循。

（二）理法性

它並沒有過多闡述太極拳的招勢等具體技術，而是重點闡釋太極拳練習方法、理法要領，因為它站在了很高的高度上來看待太極拳問題，所以它闡述的是太極拳的思想、靈魂。

（三）系統性

或者稱為「全面性」，有些傳統拳論，集中、突出論述太極拳的某一方面、某一環節，而王宗岳《太極拳論》完整、系統論述太極拳的理論、方法、養生、技擊等各個方面，是一個完整的學說體系。

（四）哲理性

太極拳是「哲拳」，從這篇拳論上得到了充分的體現，拳論中以《易經》的語言和思路，闡發太極陰陽哲理，並用來解釋人體運動規律，解釋拳理，文中吸收了中

國傳統哲學的精華觀點，這篇拳論本身就是一篇很好的哲學論文。

（五）文學性

《太極拳論》文字優美，語言流暢，文章結構層層遞進，論述密而不漏，遣詞用句簡潔明快，思之博大宏闊，讀來朗朗上口，也是一篇精製的文學作品。

王宗岳為這篇拳論的作者是太極拳界公認的觀點，但也並非沒有異議。比如有人認為是武禹襄所作，有人認為是李鶴林所作，這些觀點目前還只能作為探索的一家之言。

【原文】

太極拳論

王宗岳

　　太極者，無極而生，動靜之機，陰陽之母也。動之則分，靜之則合。無過不及，隨曲就伸。人剛我柔謂之走，我順人背謂之黏。動急則急應，動緩則緩隨。雖變化萬端，而理為一貫。由著熟而漸悟懂勁，由懂勁而階及神明，然非用功日久，不能豁然貫通焉。虛領頂勁，氣沉丹田，不偏不倚，忽隱忽現。左重則左虛，右重則右杳，仰之則彌高，俯之則彌深，進之則愈長，退之則愈促。一羽不能加，蠅蟲不能落。人不知我，我獨知人，英雄所向無敵，蓋皆由此而及也。斯技旁門甚多，雖勢有區別，概不外乎壯欺弱、慢讓快耳。有力打無力，手慢讓手快，是皆先天自然之能，非關學力而有為也。察四兩撥千斤之句，顯非力勝；觀耄耋禦眾之形，快何能為。立如秤準，活如車輪。偏沉則隨，雙重則滯。每見數年純功不能運化者，率皆自為人制，雙重之病未悟耳。欲避此病，須知陰陽。黏即是走，走即是黏，陽不離陰，陰不離陽；陰陽相濟，方為懂勁。懂勁後，愈練愈精，默識揣摩，漸至從心所欲。本是捨己從人，多誤捨近求遠。所謂差之毫釐，謬之千里。學者不可不詳辨焉。是為論。

　　長拳者，如長江大海，滔滔不絕也。十三勢者，掤、捋、擠、按、採、挒、肘、靠，此八卦也。進步，退步，左顧，右盼，中定，此五行也。掤、捋、擠、按，即乾、

坤、坎、離四正方也。採、挒、肘、靠，即巽、震、兌、艮四斜角也。進、退、顧、盼、定，即金、木、水、火、土也。合之則為十三勢也。

　　（最後一段也稱之為「王宗岳長拳十三勢論」，有些版本將其分開收錄，不作為《太極拳論》正文。但許多出版的太極拳圖書等文獻中都將其與前面內容合併在一起，本書也完整收錄，供讀者研悟。）

太極拳論　王宗岳

太極者無極而生動靜之機陰陽之母也動之則分靜之則合無過不及隨曲就伸人剛我柔謂之走我順人背謂之黏動急則急應動緩則緩隨雖變化萬端而理唯一貫由著熟而漸悟懂勁由懂勁而階及神明然非用力之久不能豁然貫通焉虛領頂勁氣沉丹田不偏不倚忽隱忽現左重則左虛右重則右杳仰之則彌高俯之則彌深進之則愈長退之則愈促一羽不能加蠅蟲不能落人不知我我獨

著名書法家梅墨生先生小楷《太極拳論》

【心解】

太極者，無極而生，動靜之機，陰陽之母也。

無極是太極的根本，是太極的母體，太極體系由無極為出發點。太極拳也由無極狀態開始，所以練拳要先練無極樁，練無極樁的目的是進入、體會無極狀態。練太極拳是不是每次從起勢動作開始並不重要，但一定要從無極狀態開始。

太極拳的起勢也是做好練拳前的準備，讓身心處於無極狀態，在此狀態下，內氣自然萌動，由內而外，帶動肢體運動，這才是陰陽和諧的太極狀態，這樣練拳才是真正的太極拳。

所以，這裏的「無極」，是指無極狀態，這種狀態要虛，即沒有緊張點，要靜，即沒有雜念，沒有思慮負擔。宋代哲學家周敦頤在《太極圖》中說：「陰陽，太極也，太極本無極也。」為此句之哲學依據。老子云：「天下之物生於有，有生於無。」亦為此理。

無極樁，是練好太極拳的必要修煉方法　楊禹廷演示

動之則分，靜之則合。

太極拳每一勢皆有動靜，而非單純動靜分開。動則分陰陽，陰陽互動，動中身體各部分相互對應，相互感應。動中有靜，靜是一種「合」的狀態，因此，練拳中分中有合，外形分，神氣合。練習之前，為靜，練完之後，仍然歸於靜。

太極拳動中有靜，分中有合
趙幼斌演示

無過不及，隨曲就伸。

「中」是太極拳的一個原則，中庸，中和，中定。身體外形保持中，動勢中以「中」為運動軸心，所有動作以「中」為原點，自然伸展、環曲，不強求，不彆扭，順勢而為，順流而下，這樣潛能才能有最大的發揮。所有招勢不可過分，不可努勁，也不能不到位，不

每個招勢飽滿而不努勁，氣則不散
李雅軒演示

到位勁力就軟塌，不飽滿。「隨曲就伸」是一種高境界，順應自身的條件，順乎外界的變化，恰當處理問題。

人剛我柔謂之走，
我順人背謂之黏。

太極拳「以柔克剛，剛柔相濟」，這是它的智慧。以柔應對剛是最節省能量的方法。太極拳術語叫作「走」「游走」，飄忽，有莫測之效。我佔據主動的情況下，要用最有效率的辦法擊垮敵方，還不能讓其逃脫，此法太極拳術語稱為「黏」，即拿住敵方，摧毀敵方。此「黏」含有「黏勁」之意，但不完全等同於「黏勁」。

柔化之法為太極拳特色
祝大彤　簡啓華演示

動急則急應，
動緩則緩隨。

此為「隨曲就伸」之具體應用。急、緩皆隨對方，看似被動，實則主動。太極拳是有節奏的，練時可均勻連貫，用時則機動靈活，能控制節奏才算高手。

控制節奏是太極拳得心應手的體現
楊振基　裴秀榮演示

雖變化萬端，而理為一貫。

從具體招勢中用心體悟自然大道
祝大彤演示

一個套路中的每一個動作，外形可以千變萬化，用法也各不相同，但依據的太極理法是一致的，即「中」「和」「自然」等。動作是載體，「理」是內容，練太極要透過招勢的練習體悟到「理」，這樣就能超越「形」之上，千變萬化只是「皮囊」而已。不同流派的太極拳其理也是「一以貫之」的，變化只在風格。這個「理」是最基礎的規律，比練法、拳理更加核心。

由著熟而漸悟懂勁，由懂勁而階及神明。然非用功日久，不能豁然貫通焉。

太極拳神明之境來自於長久的用功
李經梧演示

「招熟」「懂勁」「神明」是練功的三個程序，要達到「招熟」，必須要堅持練習，長久用功，所謂「拳練千遍，其義自現」。悟性再高，不練習到一定的數量，是體

18

會不到真正的太極勁力的，更不用說感受「神明」的境界了。太極拳是一門實驗科學，空談理論不可能有真功夫，所談的理論也不然虛妄。

虛領頂勁，氣沉丹田。

「領」有人認為是「首」，有人認為是「衣領」。上虛將勁領起來，氣再下沉，便豁然貫通。「虛領」就能使「頂勁」不會硬頂，而是以點帶線、帶體，虛、頂相和，若有若無。「氣沉丹田」是氣自然下沉，不能刻意下貫，否則容易出偏。做到了「虛領頂勁，氣沉丹田」，精神就會提得起，身形也就放得下。

虛領頂勁，氣沉丹田
王西安演示

不偏不倚，
忽隱忽現。

身形不偏不倚，保持中正，攻防不偏不倚，進退有章法。虛實相生，才能收發有節。隱為虛，現為實。

在中和中正中虛實相生　陳正雷演示

左重則左虛，右重則右杳。

《說文》中說：「杳，冥也。」此處為虛、無之意。此句有三重理解。

其一，太極拳勢的變化，左腿為實時，左手要為虛，或者向虛變化；右腿為實時，右手要為虛，或者向虛變化，這樣才是虛實相應，但不是簡單的手腿虛實對應，重在體悟其中變化趨勢，這樣也才是不偏不倚。

其二，敵方攻擊我左側身體，我將其虛掉，使敵來勁無從著落，虛而空之，使其如臨深淵。同樣，敵攻我右側，我將右側身體虛掉。此為技擊用法。

其三，練拳時，如身體左側為實，意在右側，左意為虛；身體右側為實時，意在左側，右意為虛。此練法在內功中為「形意不接」，「形」「意」從不接到接，就提高了一個層次。道家內丹中所謂「順則人，逆則仙」。

李亦畬在《五字訣》中說：「左重則左虛，而右已去；右重則右虛，而左已去。」可與此句對照參詳。

太極拳勢虛實分明才能虛實相生
王培生演示

俯仰之間　天地無限　祝大彤演示

仰之則彌高，
俯之則彌深。

　　太極拳俯仰天地，雲在青天水在淵，勁意放長遠。自己練習時高為天外天，深為海中淵。臨敵時，敵從高來，我意更高，使敵仰我愈覺其高；敵勁在下，我意愈下，使敵探我愈覺其深，這樣就不為敵圉。練太極拳，形有限，意無限。

進之則愈長，
退之則愈促。

　　此句論進退身法。得機得勢時，迅捷向前，迫敵倉皇；敵全力進攻時，主動回撤，泄其鋒銳。

進退皆從容　陳正雷演示

一羽不能加，
蠅蟲不能落。

極言太極拳之輕靈。有了輕靈，才能異常靈敏，對外部事物的感知能力大大提升，對自己身心的感知、瞭解能力也大為提高，達到明心見性的層次。

輕靈圓活才能全身通透　徐憶中演示

太極拳練就「知」的功夫
趙斌　傅宗元演示

人不知我，我獨知人。英雄所向無敵，蓋皆由此而及也。

人不知我，我獨知人是一種時刻把握主動權的境界。能如此當所向披靡。《孫子兵法‧謀攻篇》云：「知彼知己者，百戰不殆；不知彼而知己，一勝一負；不知彼，不知己，每戰必殆。」

斯技旁門甚多，雖勢有區別，概不外乎壯欺弱、慢讓快耳。有力打無力，手慢讓手快，是皆先天自然之能，非關學力而有為也。

此段話論述武技之「旁門」，即大力打小力，壯漢欺負弱小，速度快戰勝速度慢。這些是不用練習的常規打法，並非功夫。

太極功夫在於超越先天本能　田秋茂演示

察四兩撥千斤之句，顯非力勝；觀耄耋禦眾之形，快何能為。

太極拳的功夫，可用小力勝大力，以柔弱勝剛強，能用慢克制快。此句乃強調太極拳不用拙力，不單純追求表面上的快。太極拳並非簡單地反對大力和快，而是透過功夫實現更高層次上的快和更具威力的勁力。

四兩撥千金是太極拳標誌性功夫　王海洲演示

立如秤準，
活如車輪。

有的版本作
「立如平準」。身
體始終保持一種高
度的動態平衡，在
平衡中圓轉不息。
「活」者，充滿活
力，不僅肢體的運
動朝氣蓬勃，內氣
的周轉也生生不
已。練習太極拳對
錯的一個標準就

太極拳充滿活力　邱慧芳演示

是，練完拳後，不氣喘吁吁，感覺體能消耗不大，而且精
神倍增，活力充沛。

偏沉則隨，雙重則滯。

「雙重」是太極拳非常重要的一個概念，歷來研究者多有論述，仁者見仁，智者見智。通常有幾個方面理解：

一，我勁與敵勁正面相抗，謂之雙重，會造成我的勁路不暢；二，左右虛實不分，為左右雙重，陰陽不清；三，上下肢虛實相疊，有偏倚之弊；四，意形不分，轉換不靈。出現了雙重的問題，就會造成身形不輕靈，內氣不流暢，神意不虛靜。

練太極拳要避免雙重

每見數年純功不能運化者，率皆自為人制，雙重之病未悟耳。

言「雙重」之流害。不解決雙重，徒然用功。形成雙重的實質，是對太極拳陰陽和諧的相關要素和原則沒有理解透徹。

明陰陽懂太極 玉昆子演示

欲避此病，須知陰陽。黏即是走，走即是黏，陽不離陰，陰不離陽；陰陽相濟，方為懂勁。

要懂勁，先要懂陰陽。陰陽既分，又不分。分是要清楚何為陰，何為陽；不分就是每個招勢，每種用法中陰陽是一體的，攻防一體，進退一體，剛柔一體，互為其表，互為其根，互為其用。

太極拳陰陽互用　翁福麒演示

懂勁後，愈練愈精，默識揣摩，漸至從心所欲。

懂勁是太極拳入門的一個標誌。從懂勁到能夠「從心所欲」，需要下功夫用心練，反覆琢磨，反覆體悟。自己要悟，還要和別人交流，吸收經驗，更重要的是還要不斷向老師請教。

懂勁才能隨心所欲　郝宏偉演示

本是捨己從人，多誤捨近求遠。所謂差之毫釐，謬之千里。學者不可不詳辨焉。是為論。

「捨己從人」是太極拳的一大原則，不僅指交手應用時候的戰術，更是指平時自己練習時的要領。

練太極拳就是一個「捨」的過程，要敢於「捨」，善於「捨」。捨掉拙力，才有輕靈，捨掉緊張，才有鬆柔，捨掉滯重，才有暢達，捨掉規矩，才有虛靜。對與錯之間，往往就在一線。

練太極有捨才有得　祝大彤演示

長拳者，如長江大海，滔滔不絕也。十三勢者，掤、捋、擠、按、採、挒、肘、靠，此八卦也。進步，退步，左顧，右盼，中定，此五行也。掤、捋、擠、按，即乾、坤、坎、離四正方也。採、挒、肘、靠，即巽、震、兌、艮四斜角也。進、退、顧、盼、定，即金、木、水、火、土也。合之則為十三勢也。

掤、捋、擠、按、採、挒、肘、靠，被稱為「八正手」，為八種最基本勁法和用法。進步、退步、左顧、右

掤、中定，為五種身法。太極十三勢與八卦的卦象和五行屬性相結合，是太極拳理論體系中的一個部分。

有很多人這樣論述，但要真正理解，必須對易經、對太極內功有比較深入體會，否則只是單純從表面對應，或流於玄學，或誤入歧途。真正掌握了其中的奧妙，太極內功自會又上一層。

【八大家解讀《太極拳論》】

由於王宗岳《太極拳論》在太極拳體系中的特殊性，對於太極拳研究、習練具有不可替代的作用，歷來的太極拳家對其都有自己的見解和體悟，仁者見仁，智者見智。有些太極名家、研究者對其還做了系統的注釋，這些注釋是他們多年研習的心解，是我們學習、理解王宗岳《太極拳論》很好的參考資料。

我們在此選錄了其中具有代表性的精品解析八篇，供大家對照研讀。這些注釋者習練的太極拳流派不盡相同，

經歷也有所差別，他們注解中有些觀點有著高度一致性，但也有些理法闡述不完全一樣，給我們深入理解《太極拳論》提供了更多的視角和方法。

（一）武澄清注《太極拳論》

太極拳專家武澄清，字霽宇，晚號秋瀛（1800—1884年），清廣平府永年縣人。為武禹襄兄長，曾任河南舞陽知縣。喜好太極拳，相傳就是他在舞陽縣鹽店中發現了王宗岳《太極拳論》，交給武禹襄後流傳開來。

這篇注釋文章名為《太極釋原論》，不是全篇注釋，而是對《太極拳論》中一些重要句子進行了釋解，雖然不是全文解析，文字不多，但為最早解析王宗岳《太極拳論》者，具有特殊意義，特收錄於此。

武澄清還寫了其他一些太極拳論述，留存有《摟字訣》《釋名》《打手論》《八法打手歌》等，為武式太極拳的創立發展做出了重要貢獻。

動之則分，靜之則合。

分，謂陰陽之分；合，謂陰陽之合。太極之形，如此分合，皆謂己而言。

人不知我，我獨知人。

懂勁之謂也，揣摩日久自悉矣。

引勁落空，四兩撥千斤。

合即撥也，此字能悟，真有夙慧者也。

左重、右重、仰之、俯之、進之。

是謂人也。

左虛、右杳、彌高、彌深、愈長。

是謂己，亦謂人也。虛、杳、高、深、長，人覺如此。我引其落空也。

退之則愈促。

乃人退我進，促迫彼無容身之地，如懸崖勒馬，非懂勁不能走也（或不能如是也）。

此六句，左右前後上下之謂是矣。

偏沉則隨，雙重則滯。

是比活似車輪而言，乃己之謂也。

一邊沉則轉，兩邊重則滯，不使雙重，即不為制矣，是言己之病也。

（二）楊澄甫注王宗岳《太極拳論》

楊澄甫像

楊澄甫（1883—1936 年）為楊式太極拳大家，中興人物。其弟子遍佈天下，可以說，當今各地習練楊式太極拳者，絕大部分都與其有承傳關係。

楊澄甫注《太極拳論》結合楊式太極拳的習練要領，以實踐為出發點，許多地方落實到了具體的運用方

法上。特別重點突出了《太極拳論》在太極拳技擊上的指導意義。有些地方結合楊門逸聞趣事說明拳理，通俗生動。楊澄甫的注釋可說是「活學活用版」，體現了一個太極拳教育家的視覺角度。

太極者，無極而生，陰陽之母也。

不動為無極，已動為太極。空氣磨動而生太極，遂分陰陽，故練太極先講陰陽，而內包羅萬象，相生相剋由此而變化矣。太極本無極生，而陰陽之母也。

**動之則分，
靜之則合。**

練太極，心意一動則分發四肢，太極生兩儀四象八卦九宮，即掤、捋、擠、按、採、挒、肘、靠、進、退、顧、盼、定。靜本還無極，心神合一，滿身空空洞洞，少有接觸即知。

無過不及，隨曲就伸。

無論練拳對敵無過不及。過，逾也。不及，未到也。過與不及皆失中心點，如敵來攻順化為曲，曲者彎也。如敵攻未呈欲退，我隨彼退時就伸，伸者出手發勁也。過有頂之敝，不及為丟，不能隨曲為抗，不能就伸為離。謹記丟、頂、抗、離四字，如功能不即不離，方能隨手湊巧。

人剛我柔謂之走，
我順人背謂之黏。

比如兩人對敵，人力剛直，我用柔軟之手搭上敵之剛直上，如皮鞭打物然實實搭在他勁上，他想摔開甚難，他交就是膠皮帶纏住他能放能長。如他用大力，我隨黏他手腕往後坐身，手同時不離往懷

收轉半個圈為之走化也。向他左方伸手使敵身側不得力，我為順，人為背，黏他不能走脫矣。

昔有一軼事，有不法和尚善頭者，與一人較，人知其用羊抵頭之法無敵焉，甚懼。其人見和尚新剃頭，忽想一法，去屋用濕毛巾一條仿焉。和尚施其法，此人用濕毛巾摔搭頭上往下一拉，和尚隨倒，是即以柔克剛之理也。

動急則急應，
動緩則緩隨。

今同志知其柔化，不知急應之法，恐難與外功對敵。急，快也。緩，慢也。如敵來緩則柔化跟隨，此理皆明。如敵來甚速，柔化烏能取哉？則用太極截勁之法，不後不先之理以應敵。

何為「截勁」？如行兵埋伏突出截擊之。何為「不後不先」？如敵手已發未到之際，我手截入敵膊未直之時，一發即去，此為迎頭痛擊。動急由急應，此非真傳不可。

雖變化萬端，而理為一貫。

與人對敵，如推手或散手，無論何著數，有大圈、有小圈、半個圈。陰陽之奧妙，步法之虛實，太極之陰陽魚，不丟頂之理，循環不息，變化不同，太極之理則一也。

由著熟而漸悟懂勁，由懂勁而階及神明。然非用功日久，不能豁然貫通焉。

著者，拳式也。今同志專悟懂勁，故不能發人。先學姿勢正確，次要熟練，漸學懂勁。古人云：「不揣其本而齊其末，方寸之木，可使高於岑樓。」此句先求姿勢後悟懂勁，不難而及神明。神明言拳精巧。豁然貫通，即領悟得拳奧妙，能氣行如九曲珠，太極理通焉。非久練久熟，何能及此境耶？

虛領頂勁，氣沉丹田，不偏不倚。

頂者，頭頂也，此處道家稱為「泥丸宮」，素呼「天門」。頂勁非用力上頂，要空虛，要頭容正直，精神上提，

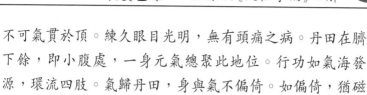

不可氣貫於頂。練久眼目光明，無有頭痛之病。丹田在臍下餘，即小腹處，一身元氣總聚此地位。行功如氣海發源，環流四肢。氣歸丹田，身與氣不偏倚。如偏倚，猶磁瓶盛水瓶歪倒，則水流出矣。丹田偏倚，則氣不能歸聚矣。

此說法佛家稱「舍利子」，道家稱「練丹」，如此練法氣壯多男，工夫外有柔軟筋骨，內有堅實腹臟，氣充足，百病不能侵矣。

忽隱忽現，左重則左虛，右重則右杳。

隱者，藏也。現者，露也。隱現之法，與人對敵，猶神明難測之妙。如敵來擊至我身，我身收束為忽隱，使敵不能施其力；如敵往回抽時，我隨跟進為忽現。敵不知我式高低上下，無法抵擋我手。

練太極如河中小船，人步臨其上，必略偏忽隱，又裹步必隨起，忽現，猶龍之變化，能升能降，降則隱而藏形，現能飛升太虛與雲吐露。此理言太極能高低，隱現即忽有忽無之說。重者，不動也。與人對敵，不動可乎？如用拳必以身體活動，手腳靈捷，然後可以迎敵。敵如擊我左方，我身略偏虛無可逞；擊我右方，我右肩往收縮，使其拳來無所著，我體靈活不可捉摸，即左重左虛，右重右杳。

仰之則彌高，俯之則彌深，進之則彌長，退之則愈促。

仰為上，俯為下。敵欲高攻，吾即因而高之而不可及；敵欲押吾下，因而降使敵失其重心。與己說，仰之彌高眼上看，心想將敵人擲上房屋；俯之彌深，想將敵人打入地內。

班侯先生有軼事，六月某日在村外場（即北方收糧地方）乘涼，突來一人拱手曰：「訪問班侯先生居處。」答：「吾即楊某也。」其人疾出大、食、中三指擊之，班侯師見場有草房七尺高，招手說：「朋友，你上去罷。」將其擲上，又言：「請下罷，速回醫治。」鄉人問曰：「何能擲其上？」曰：「仰之彌高。」鄉人不解其說。北方有洛萬子從學焉，習數年，欲試其技。班侯師曰：「將你擲出元寶式樣可乎？」萬笑曰：「略試之。」較手如言，兩手兩腳朝天，右胯著下如元寶形，入地不能，將胯摔脫矣。醫好，至今腿略顛跛。此人拳甚好，其人至今還在，常曰：「俯之彌深，屬害極矣。」

一羽不能加，
蠅蟲不能落。

練功久感覺靈敏，稍有接觸即知。猶如一鳥毛之輕，我亦不馱，蠅蟲之小，亦不能著落我身，即便著落琉璃瓶內，光滑不能立足，我以化力，將蠅蟲分磋矣。

如此可謂太極之功成矣。

　　昔班侯先生有一軼事，六月行功時，常臥樹蔭下休息。或有風吹一葉落身上不能存留，隨脫流而落地下。自常試己功，解襟仰臥榻上捻金米（即小米）少許置於臍上，聽呼一聲，小米猶彈弓射彈一樣，飛射瓦屋頂相接。班侯先生之功可為及矣，同志宜為之。

　　人不知我，我獨知人。英雄所向無敵，蓋皆由此而及也。

　　與人對敵，不出有一定架式，使敵無處入手。如諸葛用兵，或攻或守，敵莫能預測。諺云：「不知我葫蘆賣的是什麼藥。」

　　敵不知我練太極有審敵之法，如搭手素熟懂勁，我手有靈動知覺，敵手稍動我早知來意，隨手湊巧以發即出。如離遠用審敵法，以望即知其動作。兵法云：「知彼知己，百戰百勝。」英雄所向無敵，蓋皆由此而及也。

　　斯技旁門甚多，雖勢有區別，概不外乎壯欺弱，慢讓快耳！有力打無力，手慢讓手快，此皆先天自然之能，非關學力而有為也！

　　雖拳類繁多，各門姿勢用法不同。總而言之，蓋注重手快力大則一也。此種說法，人生就有，非學而得也。各拳著名人亦甚多，但未有太極之理之精微奧妙也。

　　察「四兩撥千斤」之句，顯非力勝。

　　聖人云：「以力服人者，非心服也。」學藝能無力打

楊澄甫與黃元秀太極推手

有力，手慢勝手快，以巧治敵，能使人實地心服，亦不愧學藝之苦心矣。練太極能引進落空，雖千斤力無所用矣。能靈活才有落空之妙，能引進落空，四兩撥千斤之妙得矣。

　　昔有一軼事，京西有富翁莊宅如城，人稱為「小府張宅」。其人愛武，家有鏢師三十餘人。性且好學，聞廣平府楊露禪名著，托友武祿青者往聘。及請至，張見其人瘦小，身未五尺，面目忠厚，身衣布衣，遂招待其禮不恭，宴亦不盛。露禪先師會意，遂自酌自飲不顧其他。張不悅曰：「常聞武哥談先生盛名，不知太極能打人乎？」露禪知謙不成，遂曰：「有三種人不可打。」張問：「何為三種？」答曰：「銅鑄的，鐵打的，木作的。此三種人不容易打。其外無論。」張曰：「敝舍三十餘人，冠者劉教

師，力能舉五百斤。與戲可乎？」答曰：「無妨一試。」劉某來式猛如泰山，拳風颺聲。臨近，露禪以右手引其落空，以左手拍之，其人跌出三丈外。張撫拳笑曰：「先生真神技矣。」遂使廚夫，從新換滿漢盛宴，恭敬如師。劉力為牛，不巧安能敵手。由此知彼顯非力盛，之能為功也。

觀耄耋能禦眾之形，快何能為？

七八十歲為耄耋，能禦眾人，指練拳言。不練拳，即年壯，敵一二人難矣。用功人自學拳日起，至老未脫功夫，日久筋骨內壯，氣血充足，故七八十歲能敵眾人。猶戰定軍山，老黃忠言：「人老馬不老，馬老刀不老。」其言甚壯。練太極拳人老精神不老，能敵多人，概此意也。

昔健侯太師遺事，有日天雨初晴，院泥水中一小路，可容一人行，門生趙某立其間觀天，不知老先生自屋出，行趙後焉，欲為戲，伸右膊輕輕押趙右肩上，趙某覺似大樑押肩，身彎曲側坐，移出路。老先生笑而不言，行出。又一日，足立院中，言與眾捕為戲。有門生八九人齊擁上來，見老先生幾個轉身，眾人齊跌出，有丈餘的，有八九尺遠的。老先生年近八十，耄耋禦眾，非妄言也，快何能為？此快字言無著數之快謂之忙亂，忙亂

之快無所用矣。非快不好，快而有法然後可用矣。

立如平準，活似車輪。

立如平準，即立身中正不偏，方能支撐八面，即乾坤坎離巽震兌艮，即四正四斜方向也。活似車輪，言氣循環不息。古人云：「得其環中以應無窮。」腰如車軸，四肢如車輪，如腰不能做車軸，四肢不能動轉，自己想使車軸轉，可多澆油腰軸，油滿方好。同志細細體會，自得之，勿須教也。

偏沉則隨，雙重則滯。

前說有車輪之比，猶如用一腳蹬輪偏，自然隨之而下。何為「雙重」？猶如右腳蹬上右方，左腳蹬上左方，兩力平均自滯而不轉動。此理甚明，勿須細說。

見數年純功不能運化者，率皆自為人制，雙重之病未悟耳！

最淺解說，同志得許多宜處。譬如有幾人練太極，日日用功五六年，與人較，反被敵制。同志問曰：「你用功五六年，可為純工矣。何其不勝？請表演十三式觀之。」見其練法騎馬坐襠握拳怒目咬牙，力大如牛，氣

也未敢出，此為雙重練法。同志笑曰：「專駕未悟雙重之病耳！」又一人曰：「我不用力練五六年，為何連十歲頑童也打不倒？」同志請演十三式，見其練法毫不著力，浮如鵝毛，手足未敢伸，眼亦未敢開大。同志笑曰：「尊駕為雙浮誤矣。雙重為病，雙浮亦為病。」眾笑曰：「確實練法，何能得之？」

欲避此病。

雙重雙浮之病。預避此病，現今易耳。有此拳書容易知之。此書閱法先閱一遍，拳理甚多，不能一閱就全懂。日後可練十日拳閱一日書，慢慢此書功效大著矣。如有一節悟明料難，可問高明老師可也。

須知陰陽。黏即是走，走即是黏，陰不離陽，陽不離陰，陰陽相濟，方為懂勁。

陰陽即虛實，總而言之，黏連走化懂敵之來勁。前解甚多，不必多敘。

懂勁後愈練愈精，默識揣摩，漸至從心所欲。

能懂敵之來勁，加以日日習練，即久練久熟之意。揣摩就是悟想老師教的使用法，極熟，出手心想即至，從心所欲得之矣。

本是捨己從人。

與敵對手，知要隨人所動，不要自動。由己則滯，從人則活。能從人便得落空之妙。由己不能由己，能從人就能由己。此理極確實，極奧妙。同志功夫練不到此地位，恐不易知耳。此說極明顯，佛經云「我說牛頭有角」，即明顯之意也。

多誤捨近求遠。斯謂「差之毫釐，謬以千里」，學者不可不詳辨焉！是為論。

與敵對手，多是不用近，而用遠。靜以待動，機到即發為近；出手慌忙，上下尋處擊敵為遠。太極之巧，分寸之大，釐毫之小，所以不可差也。如差釐毫，如千里之遠。練拳對手同志不可不注意焉。

（三）許禹生注王宗岳《太極拳論》

許禹生（1878—1945 年）為著名太極拳教育家。字龍厚。北京市人，原籍山東省濟南市。出生於武術世家，曾習練多種武術，後隨楊健侯精練楊式太極拳。民國時期任職教育部，大力提倡國術進入學校。1912 年 11 月，邀集北京武術界著名人士吳鑑泉、趙鑫洲、耿誠信、郭志雲、葛馨吾、紀子修、恒壽山等創辦北

太極拳研究家許禹生

平體育研究社。社長由市長兼任，許禹生任副社長。1929
年12月，許禹生又主持成立了北平市國術館，任副館長，
並主編《體育月刊》，為推廣太極拳發揮了突出作用。許
禹生在學術研究上也做了很多工作，著有《太極拳勢圖
解》《陳式五路太極拳》《中國武術史略》等。

　　許注《太極拳論》，具有濃郁的文化特色，詳解陰陽之
道，結合人體結構，闡發練拳要則。並引用其他傳統哲學著
作如《陰符經》《黃庭經》等，參照分析，入理入微。

太極者，無極而生。

　　太，大也，至也。極者，樞紐根柢之謂。太極為天地
萬物之根本，而太極拳則為各拳之極至也。

　　無極而生者，本於無極也。此拳重在鍛鍊精神，運勁
作勢，純任自然，不甚拘於形式，以虛無為本，而包羅萬
象，故曰「無極」。

　　然初學者究當就有形之姿勢入手學習，久之著熟懂
勁，融會貫通，始能入於神化之境。

　　按周濂溪《太極圖說》「無極而太極」注云：上天之
載，而聲無臭，而實造化之樞紐，品彙之根柢也。故曰
「無極而太極」，非太極之前復有無極也。此云「無極而
生」，究有語病。

動靜之機，陰陽之母也。

　　變易物體之位置，或動體進行之方向，曰「動」。保
存或維持其固有之位置或方向，曰「靜」。機者，徵兆
也，如《陰符經》「天發殺機」之「機」。夫動靜無端，

陰陽無始。太極者,其樞紐機關而已。太極拳當行功時,中心泰然,抱元守一,未嘗不靜。及其靜也,神明不測,有觸即發,未嘗無動。於動時存靜意,於靜中寓動機。一動一靜,互為其根,合乎自然。此太極拳術之所以妙也。

萬物之生也,負陰而抱陽,莫不有太極。有太極斯有兩儀,故太極為陰陽之母。太極拳著著勢勢均含一、○、環形。其動而陽,靜而陰,及剛柔進退等,均與易理無異。故得假借易理以說明之,非強為附會也。

中國舊日學說,諸凡事物均以陰陽喻之。故陰陽無定位。太極拳之為陰陽亦然。如拳勢之動者為陽,靜者為陰;出手為陽,收手為陰;進步為陽,退步為陰;剛勁為陽,柔勁為陰;發勁為陽,收斂為陰;黏勁為陽,走勁為陰;手足關節之伸為陽,曲為陰;分為陽,合為陰;開展為陽,收斂為陰;身軀之仰為陽,俯為陰;升為陽,降為陰。凡此所喻,無論遇如何變化,內皆含一、○、環形。故動靜不同時,陰陽不同位,而太極無不在焉。

動之則分,靜之則合。

動,變動也。動之則分陰分陽,兩儀立焉。靜之則沖漠無徵,而陰陽之理已悉具其中矣。太極拳術當行功時,其各姿勢,一動一靜相間。其拳勢之動者,前後左右上下,均有陰陽虛實可循,故曰「動之則分」。其靜的姿勢,雖無痕跡可指,然陰陽虛實已見其中,故曰「靜之則合」。若作運勁解,則太極之陽變陰合,即物理力學分力、合力之理也。

太極拳術遇敵欲制我時,則當分截其勁為二,使敵力不能直達我身。(背勁)所謂「動之則分」是也。若將敵

粘起用提勁，陽之變也。及起，須靜以定之使不得動，或敵勁落空。稍靜即發，利用合勁，陰之合也。倘敵欲發我，則應中心坦然，審然應機，靜以俟之，微動即應，所謂「後人發先人至」也。

夫道一而已矣。當混沌未判，洪蒙未闢，本無動靜，何有陰陽？故以虛為本者，無不合道。天地如是，太極如是，太極拳習至極精處，亦如是也。然此指先天而言，指習拳術功深進道者而言，初學之士，驟難語此也。及乾坤既定，兩儀攸分，有陰陽斯有動靜，則言太極者，不能不就有形象者以講求之。

太極拳之分合動靜，合乎陰陽。如動勢須求開展，運勁務明虛實。剛則化之，故曰「分」。柔則守之，故曰「合」。坤在靜中求動，無為始而有為終，必須伏氣。乾則動中求靜，有為先而無為了，只要還虛。蓋萬物之理，以虛而受，以靜而成。天地從虛中立極，靜中運機。故混沌開而闔辟之局斯立，百骸固而無極之藏自主，無不從虛靜中來也。重陽子曰：「此言大道之原，而功先於虛靜。虛則無所不容，靜則無所不應。」由是觀之，習太極拳者，倘以虛靜為本，則分合變化自無不如意也。

無過不及，隨曲就伸。

過，逾也。不及，未至也。隨，無逆也。就，即之也。過與不及，皆為失中。失中則陽亢陰暌，未能有合也。太極拳於曲伸分合等處，運勁過則生頂抗等病，不及則有丟偏等病。欲求不即不離，則應隨之而曲，就之而伸，隨機應變，毋固毋我。因力於敵，以中為主，而沾、

黏、連、隨以就之，自無不合，所謂「君子而時中也」。案初學此拳者，每失之過，迨稍懂勁，則每失之不及。學者宜審慎之。

人剛我柔謂之走，我順人背謂之黏。

人者，敵也。剛指剛強有為而言。柔者，無抵抗也。走者，化也。柔以承之，變化敵力之方向，不為所制，故曰「走」。順者，自由便利也。背者，不自由不便利也。黏者，取制敵人之力也。遇敵施剛力時，我惟順應其勢，取而制之，使俯就我之範圍，如以膠著物，故曰「黏」。

太極拳常以小力敵大力，無力禦有力，弱勝強、柔勝剛，為其主旨。但以常理言之，小固不可以敵大，弱固不可以勝強，柔固難期以制剛。然云「敵之」「勝之」「制之」者，必有其所以制勝之理在。蓋敵力須加吾身方生效力，苟御制得道，趁其用剛發動之始，審機應變，採取擒獲，使還制其身，則我雖弱，常居制人地位。敵雖強，常居被制地位，難於自由發展，力雖巨奚益？！此老聃「齒敝舌存」之說也，頗合太極拳剛柔之義。然非好學深思之士，未足以語此。

動急則急應，動緩則緩隨。雖變化萬端，而理為一貫。

此言己動作之遲速，當隨敵動作遲速之程度而異。但欲識敵之遲速程度，須先體察敵力之動機，方能因應咸宜。何謂動機？周濂溪《通書》有云，動而未形有無之間者曰「機」。又曰：機微故幽，難識如此。設非功深，不易知也。然苟得其機，敵雖變化萬端，由一本而萬殊。而我則執兩用中，扼萬殊而歸一本。審機應候，無過不及。

敵運動甚速，而我應付遲緩，則失之緩。敵勁尚未運到，而我先逆待，或加以催迫，則敵反有機可乘，是謂性急，其弊一也。守一以臨，純任自然，無絲毫之凝滯矣。故曰「得其一而萬事畢是也」。

由著熟而漸悟懂勁，由懂勁而階及神明。然非用功日久，不以豁然貫通焉。

此言習太極拳者，進功自有一定之程度，而不可躐等躁進也。太極拳之妙用全在用勁（此勁字係靈明活潑、由功深練出之勁，不可僅作力量解）。然勁為無形，必附麗於有形之著，始能顯著。言太極拳者，每專恃善於運勁，而輕視用著，以致習者無從捉摸，有望洋興嘆之慨，虛度光陰，難期進益。較循序漸進者，反事倍功半。不遵守自然之程序故也。昔孔子講學，常因材施教，故諸門弟子各得其益。拳術雖屬小技，然執塗人而語以升堂入室之奧，未有能豁然者也。

故習拳者，應先模仿師之姿勢。姿勢正確矣，須求各姿勢互相聯貫之精神。拳路熟習矣，須求各勢著數之用法。著熟矣，其用是否能適當。用均得其當矣，其勁是否不落空。勁不落空，是真為著熟。再由推手以求懂勁，研求對手動作之輕重遲速及勁行之趨向方位。久之自微懂而略懂，進至於無微不覺，無處不懂，方得稱為懂勁。

懂勁後不求用著，而著自合。進至無勁非著，無著非勁。漸至不須用著，只須用勁，再不求用勁，而勁自合。洶至以意運勁，以氣代意，精神所觸，莫之能禦，則階及神明矣。是非數十年純功，曷克臻此？

虛領頂勁。

虛，一作「須」，似宜從「虛」。虛者，對「實」之稱，「實」即窒滯難巧也。頂者，頭頂，亦曰「囟門」。小兒初生時，此處骨軟未合，常隨呼吸顫動，道家稱為「上丹田」「泥丸宮」，蓋藏神之府也。佛家摩頂受記，道家上田練神。《易》曰「行其庭不見其人」（庭指天庭，頭頂也。行，神氣流行也。不見其人，虛也）。《黃庭經》云「子欲不死修崑崙」（山名喻頭頂）。均示人修養之要訣也。

夫人之大腦主思想，小腦主運動。而頭頂實首出庶物，支配神經，為主宰之樞府。其地位重要如此，宜為修養家所注重。練太極拳者，向主身心合一，內外兼修，精神與肉體二者同時鍛鍊，故運動時必運智於腦，貫神於頂，務使頂上圓光、虛靈不昧，所以煉神也。蓋頭為全身綱領，綱舉則目張，頭頂懸則周身骨骼正直，筋肉順遂，偶有動作，全身一致，左右前後，無掣肘之虞矣。

氣沉丹田。

丹田，穴名。道家謂「丹田有三。一居頭頂，以藏神；一居中脘，以蓄氣；一居臍下，以藏精」，此指下丹田也（臍下三寸）。常用深呼吸使氣歸納於此，自能氣足神旺。《黃庭經》云：呼吸盧外下丹田，審能行之可常存。蓋常人呼吸短促，每至中脘而回（中脘，橫膈膜也），不能下達此處，因之循環遲緩，肺力薄弱，不足以排泄腹中炭養，血脈不能紅活，於人之壽命關係至巨。老子曰：「天地之間，其猶橐籥乎？」又曰：「虛其心，實其腹。」蓋吐故納新（吐，吐腹中濁氣。納，吸新鮮空氣

也），歸根復命（根，根蒂，指下丹田命門精氣也。歸復
者，以意逆志於此也），以心意導精氣於下丹田而施烹煉
也，久之自能延年卻病。

下丹田為全身重點所在，習拳術者沉氣於此，則屹然
不動，不易撼倒，但沉者徐徐而下，在有意無意之間，非
若外家之用力下沉，外鼓小腹也。倘或不慎，每致腸疝諸
症。邇來日本之靜坐家剛田虎二郎，罹糖尿病逝世，議者
疑係努力下丹田所致，非無因也。

不偏不倚，忽隱忽現。

偏，偏頗失中也。倚，倚賴失正也。隱，隱藏。現，
表現。忽隱、忽現者，神明不測也。上指身體姿勢，下指
神氣運勁而言。太極，虛明中正者也，於姿勢則必中必
正，於運勁若有意無意，使神氣意力全身貫徹，無過不
及，忽隱忽現，令人不可捉摸。

練習純熟，便易領悟。幾何學定理，兩點之間只可作
一直線。太極拳上領頂勁，下守重心，周身中正，便無不
是處矣。但領守均須含活潑之意，富自然之趣。過於矜
持，則神氣凝滯，姿態呆板，運勁不能虛靈，動生障礙
矣。故曰「忽隱忽現」也。

左重則左虛，右重則右杳。

此仍承上文而言。吾隱現無常，敵以吾力在左，思更
加重吾左方之力，使失平衡。吾則虛以待之，令敵力落
空。敵揣吾右方有力，可以擒制，吾即隱而藏之，虛實易
位，隨機善應，敵更何所施其技耶！?

仰之則彌高，俯之則彌深。

仰升俯降也。敵欲提吾使上，吾即因而高之。敵欲押吾使下，吾即因而降之。敵遂失其重心，反受吾制矣。因仍變遷，潛移默化，運用之妙，在於一心。

進之則愈長，退之則愈促。

進，前進也。長，伸舒也。退，後退也。促，逼迫也。吾前進時，倘敵順領吾勁時，吾則長身以隨之，使無可退避。或敵乘勢前進，吾急引而伸之，使力到盡頭，自不得再逞。吾若退後，敵力逼來，每致迫促無路可逃，然退而急進，雖促不促矣。

《易》云：「天行健，君子以自強不息。」示人遇事當積極進行，不可退縮也。太極拳雖以柔靜為主，但非務退避，其佯退者，乃以退為進，非真退也。若竟退時，倘遇敵隨之深入，則逼迫不自安矣。又敵退後時，吾進而迫之使愈促。吾退後時，敵力跟來，吾則或俯身摺疊以促其指腕，或旁按臂彎，使敵促迫不安，而不能再進。全在因勢利導，不必拘泥也。

一羽不能加，蠅蟲不能落。

羽，翎羽也。加，增之也。落，降也，著也。言善太極功者，感覺敏銳，稍觸即知，稍縱即逝。雖輕如一羽、微如蠅蟲，稍近吾體，亦即知覺，趨避而不令加著也。

夫虛靈不昧之謂神，有知覺然後能運動。致虛極，守靜篤。寂然不動，感而遂通，有不期然而然者。非鍛鍊有素，肢體軟靈富有觸力，未足語此也。

人不知我，我獨知人。英雄所向無敵，蓋皆由此而及
也。

虛靜，則陰陽相合。覺敏，則剛柔互濟。敵偶動作，
吾無不知。吾之動作，敵盡難知。拳術家所向無敵，蓋均
由此。《孫子》曰：「善戰者無赫赫之功。」又曰：「知
彼知己，百戰不殆。不知彼而知己，一勝一負。」人不知
我，我能知人，則所向無敵矣。

斯技旁門甚多。

泛指他項拳術而言。

雖勢有區別。

流派不同，姿勢各異。

概不外乎壯欺弱，慢讓快耳！

他種拳術重力量，尚著法，而不求懂勁。故於機勢妙
合、運用靈敏、以靜制動諸訣概不過問。

有力打無力，手慢讓手快，此皆先天自然之能。

謂力大與敏捷二者，均為天賦的能力。

非關學力而有為也！

非由學而能者。

察「四兩撥千斤」之句（見《打手歌》「牽動四兩撥
千斤」），顯非力勝。

如秤衡秤物，滑車起重，全賴槓桿斜面等理。太極拳以小力勝大力，以無力制有力，與科學暗合。

觀耄耋能禦眾之形，快何能為？

古稱七十曰「耄」，八十曰「耋」。年老之人，舉動遲緩，然古之名將廉頗等，雖老尚能勝眾。是必不僅恃手足速快已也。

立如平準。

中正安舒，不偏不倚。脊背三關，自然得路也。

活似車輪。

圓妙莊嚴，靈活無滯。

偏沉則隨。

偏，指一端也，如吸水機，如撒酒器，使一端常虛，故能引水。如欹器之不堪盈滿，滿則自覆矣。

雙重則滯。

有彼我之雙重，有一己之雙重。太極拳以虛靈為本，單重尚且不可，況雙重乎？

每見數年純功，不能運化者，率皆自為人制，雙重之病未悟耳！

古云：恃德者昌，恃力者亡。《易》曰：天行健，君子以自強不息。蓋言虛則靈，靈則動，動則變，變則化，化則無滯耳。善應敵者常制人而不制於人，而況自為人制

乎？用功雖純，苟不悟雙重之弊，猶未學耳。

欲避此病。

雙重之病。

須知陰陽。

陰陽之解甚多，前已述之，茲不復贅。

黏即是走，走即是黏。

一而二，二而一者也。制敵勁時謂之黏，化敵勁時謂之走。制而化之，化而制之，制即化，化即制也。

陰不離陽，陽不離陰，陰陽相濟，方為懂勁。

知彼己之剛柔虛實，則陰陽互為消長。以虛濟盈，而不失其機，斯真懂勁。

懂勁後愈練愈精。

反襯不懂勁而愈練愈不精也。

默識揣摩，漸至從心所欲。

懂勁後能自揣摩，默而識之，有余師矣。

本是捨己從人。

毋意，毋必，毋因，毋我。隨機應便，不拘成見。

多誤捨近求遠。

不知機而妄動者，動則得咎。

所謂「失之毫釐，謬以千里」。

區別甚微，人易謬誤。

學者不可不詳辨焉！是為論。

古人云：「獲得真訣好用功。」苟不詳為辨別，則真妄費工夫矣。

（四）陳微明注王宗岳《太極拳論》

陳微明（1881—1958年）為文人出身的太極拳專家，湖北蘄水人，舉孝廉，曾任清史館纂編。著有《海雲樓文集》《禦詩樓續稿》《雙桐一桂軒續稿》等。從學於楊澄甫，曾撰寫過楊澄甫太極拳圖書，還使用了楊澄甫的拳照，其拳學思想得到楊澄甫認可。1925年在上海創辦了致柔拳社，著作有《太極拳》《記太極拳》《太極拳術、劍術》

太極拳研究家陳微明

《太極拳、劍問答》等。他所注解的《太極拳論》，主體思想與楊澄甫相近，也比較貼近理法。

太極者，無極而生，陰陽之母也。

陰陽生於太極。太極本無極。太極拳處處分虛實陰陽，故名曰「太極拳」。

動之則分，靜之則合。

我身不動，渾然一太極。如稍動，則陰陽分焉。

無過不及，隨曲就伸。

此言與人相接相黏之時，隨彼之動而動。彼屈則我伸，彼伸則我屈，與之密合，不丟不頂，不使有稍過及不及之弊。

人剛我柔謂之走，我順人背謂之黏。

人剛我剛，則兩相抵抗。人剛我柔，則不相妨礙，不妨礙則走化矣。既走化，彼之力失其中，則背矣。我之勢得其中，則順矣。以順黏背，則彼雖有力而不得力矣。

動急則急應，動緩則緩隨。雖變化萬端而理惟一貫。

我之緩急，隨彼之緩急，不自為緩急，則自然能黏連不斷。然非兩臂鬆淨，不使有絲毫之拙力，不能相隨之如是巧合。若兩臂有力，則喜自作主張，不能捨己從人矣。動之方向緩急不同，故曰「變化萬端」。雖不同，而吾之黏隨，其理則一矣。

陳微明太極拳勢

由著熟而漸悟懂勁，由懂勁而階及神明。然非用功日久，不能豁然貫通焉。

著熟者，習拳以練體，推手以應用。用力既久，自然懂勁而神明矣。

虛領頂勁，氣沉丹田，不偏不倚，忽隱忽現。

無論練架子及推手，皆須有虛靈頂勁、氣沉丹田之意。不偏不倚者，立身中正，不偏倚也。忽隱忽現者，虛實無定，變化不測也。

陳微明太極劍勢

左重則左虛，右重則右杳。

此二句即解釋忽隱忽現之意，與彼黏手，覺左邊重，則吾之左邊與彼相黏處即變為虛。右邊亦然。杳者，不可捉摸之意。與彼相黏，隨其意而化之，不可稍抵抗，使之處處落空，而無可如何。

仰之則彌高，俯之則彌深，進之則愈長，退之則愈促。

彼仰則覺我彌高，如捫天而難攀。彼俯則覺我彌深，如臨淵而恐陷。彼進則覺我愈長而不可及，彼退則覺我愈逼而不可逃。皆言我之能黏隨不丟，使彼不得力也。

一羽不能加，蠅蟲不能落，人不知我，我獨知人。英雄所向無敵，蓋皆由此而及也。

一羽不能加，蠅蟲不能落，形容不頂之意。技之精者，方能如此。蓋其感覺靈敏，已到極處，稍觸即知。能工夫至此，舉動輕靈，自然人不知我，我獨知人。

斯技旁門甚多，雖勢有區別，概不外乎壯欺弱，慢讓快耳！有力打無力，手慢讓手快，此皆先天自然之能，非關學力而有為也！

以上言外家拳術，派別甚多，不外以力以快勝人。以力以快勝人，若更遇力過我快過我者，則敗矣。是皆充其自然之能，非有巧妙如太極拳術之不恃力不恃快而能勝人也。

察「四兩撥千斤」之句，顯非力勝；觀耄耋能禦眾之形，快何能為？

太極拳之巧妙，在以四兩撥千斤。彼雖有千斤之力，而我順彼背，則千斤亦無用矣。彼之快乃自動也，若遇精於太極拳術者，以手黏之，彼欲動且不能，何能快乎？

立如平準，活似車輪。

立能如平準者，虛靈頂勁也。活似車輪者，以腰為主宰，無處不隨腰運動圓轉也。

偏沉則隨，雙重則滯。

何謂「偏沉則隨，雙重則滯」？譬兩處與彼相黏，其力平均，彼此之力相遇，則相抵抗，是謂雙重。雙重則二人相持不下，仍力大者勝焉。兩處之力平均，若鬆一處，是謂「偏沉」，我若能偏沉，則彼雖有力者，亦不得力，而我可以走化矣。

陳微明太極劍勢

每見數年純功，不能運化者，率皆自為人制，雙重之病未悟耳！

有數年之純功，若尚有雙重之病，則不免有時為人所制，不能立時運化。

若欲避此病，須知陰陽。黏即是走，走即是黏，陰不離陽，陽不離陰，陰陽相濟，方為懂勁。

若欲避雙重之病，須知陰陽。陰陽即虛實也。稍覺雙重，即速偏沉。虛處為陰，實處為陽，雖分陰陽，而仍黏

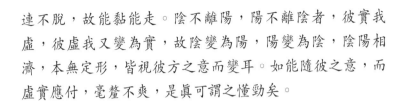

連不脫，故能黏能走。陰不離陽，陽不離陰者，彼實我虛，彼虛我又變為實，故陰變為陽，陽變為陰，陰陽相濟，本無定形，皆視彼方之意而變耳。如能隨彼之意，而虛實應付，毫釐不爽，是真可謂之懂勁矣。

懂勁後愈練愈精，默識揣摩，漸至從心所欲。

懂勁之後，可謂入門矣。然不可間斷，必須日日練習，處處揣摩，如有所悟，默識於心，心動則身隨，無不如意，技日精矣。

本是捨己從人，多誤捨近求遠。

太極拳不自作主張，處處從人。彼之動作，必有一方向，則吾隨其方向而去，不稍抵抗，故彼落空，或跌出，皆彼用力太過也。如有一定手法，不知隨彼，是謂捨近而求遠矣。

所謂「失之毫釐，謬以千里」。學者不可不詳辨焉！

太極拳與人黏連，即在黏連密切之處而應付之，所謂不差毫釐也。稍離則遠，失其機矣。

此論句句切要，並無一字敷衍陪襯，非有夙慧不能悟也。先師不肯妄傳，非獨擇人。

太極拳之精微奧妙，皆不出此論。非有夙慧之人，不能領悟。此術不可以技藝視之也。

（五）董英傑注王宗岳《太極拳論》

董英傑（1897—1961年）為楊式太極拳名家，曾隨邢

太極名家董英傑

臺太極名家李香遠習武式太極拳，又從學於楊澄甫，是楊澄甫重要弟子，輔助楊澄甫傳拳，並執筆楊澄甫著作《太極拳使用法》。後移居香港，並向東南亞等國傳授太極拳，為最早將太極拳傳向海外的太極拳名家之一。著有《太極拳釋義》一書，本篇《太極拳論注釋》即收錄於該書中。

董英傑為太極拳技擊名家，曾多次在擂臺上顯示高超太極技擊功夫，名震武林。他所注解的《太極拳論》，對於技擊的解析細緻透徹，對一些太極內勁在招勢中的運用都有精闢講解。

太極者，無極而生，陰陽之母也。

不動為無極，已動為太極，無極生太極。太極分陰陽，由陰陽演義變化萬象也。

動之則分，靜之則合。

凡練太極，心意一動則分發四肢。太極生兩儀、四象、八卦、九宮，即掤捋擠按採挒肘靠中定也。靜則返本還元，

復歸無極，心神合一，滿身空空洞洞，稍有接觸即能知覺。

無過不及，隨曲就伸。

不論練拳對敵，毋過毋不及，過與不及皆失重心耳。如敵來攻我順化為曲，曲者彎也。如敵來攻不遑欲退，我隨彼退時就伸，伸者出手發勁也。過有頂之嫌，不及有丟之弊。不能隨曲謂之抗，不能就伸謂之離。謹記丟頂抗離四病而去之。功到不即不離，方能隨手湊巧，運用自如。

人剛我柔謂之走，我順人背謂之黏。

與人對敵，如對方出力剛直，則我用柔軟之手搭上，緊緊纏在彼勁上，能放能長，對方意欲摔開甚難。譬如彼出大力，我隨粘其手腕往後坐身，但手仍緊搭不離，往懷收轉半圈謂之走。走為化，以化其力。向其左方伸手使敵側身不得力，則我為順，人為背。黏之使不能走脫也。

動急則急應，動緩則緩隨。

此理甚明顯，如敵來勢急則柔化能應付哉？需用太極截勁之法，不後不先之理以應之。何謂截勁？如行兵埋伏突擊截擊也。何謂不後不先？於敵手已發未到之際，我手於敵膊未直時截入，一發即去，此為迎頭痛擊法。然欲能

動急則急應者，非得真傳不可。

雖變化萬端，而理為一貫。

與人對敵，推手或散手，無論何著法，有大圈、小圈、半圈之巧，有陰陽之奧妙，有步法之虛實，有太極陰陽魚不丟頂之理。循環不息，變化雖有千萬，太極之理則一也。

由著熟而漸悟懂勁，由懂勁而階及神明。

著者拳式也，先學姿勢正確，次要熟練，方能懂勁。今之練拳者專談懂勁，忽視練拳功夫，捨本逐末，安能懂勁？更何能有發人之勁？古語云：「方寸之木，可使高於岑樓。」故欲階及神明，必先求懂勁；欲求懂勁，必先求著熟。功夫由下而上，由低而高，不能跨越也。

然非用功日久，不能豁然貫通焉。

拳愈練愈精，功夫既到，則如水到渠成，一旦豁然貫通。然非久練久熟，只尚空談，不能達此境也。

虛靈頂勁，氣沉丹田。

頂者頭頂也。此處道家稱為泥丸宮，素呼天門。頂勁非用力往上頂，乃空虛而頭容正

直，精神上提。但不可氣貫於頂。練久眼目光明，無頭疼之病。丹田在臍下寸餘，即小腹處，一身元氣總聚於此。氣歸丹田，以意行之，流通四肢。氣不能沉於丹田，則滯塞於一處，不能分運於四肢也。

不偏不倚，忽隱忽現。

不偏者守中土也。不論偏向何方，即易失重心。偏前則易拉到，偏後則易推到，偏左偏右，其弊相同。不倚者亦守中土也。例如用手按人，對方突然縮後或閃避，己身即跟蹌前仆，失去重心，予人以可乘之機。此倚之弊也。行功論云「立身須正中安舒，支撐八面」，即不偏不倚之意。隱者藏也，現者露也。

設敵向我身擊來，我身收縮為隱，使敵不能施其力。如敵手往後回抽時，我隨之跟進為現。敵不知我式之高低上下，無法擋卸我手。例如河中小艇，人步行其上，必略低沉為隱，又裏步必隨起為現。又猶龍之變化，能升能降，降則隱而藏形，現則飛升太虛興雲弄霧。此理言太極能高能低，忽隱忽現，有神機莫測之妙。

左重則左虛，右重則右杳。

重者不動也。試思與人對敵而不動可乎？用拳必須身體活動，手腳敏捷，方能應敵。敵如擊我左方，我身略偏虛使彼不能得逞；如敵擊我右方，我右肩往後收縮，使其

拳來無所有。我體靈活，不可捉摸，即左重則左虛，右重則右杳也。

仰之則彌高，俯之則彌深。

仰為上，俯為下，敵欲高攻，我即因而高之，使不可及。敵欲壓我下，我即因而降之，使敵失去重心。此守法也。設自己主動進攻，仰之彌高則眼上看，心想將敵人擲上屋頂。俯之彌深，則心想將敵人打入地裏。

昔班侯師夏日在村外場內乘涼，突來一人。拱手問班侯老師居處，答曰吾即楊某也。

其人突出大、食、中三指襲擊，老師見場內有草房高七八尺，招手曰：「朋友請上去。」遂將其人擊上屋頂。又曰：「請速下回家覓醫。」其人狼狽逃去。鄉人問何能擊之使上，曰仰之彌高也。

有洛萬子曾從班侯老師習技數年。欲試師技，班侯老師曰，將汝擲出元寶形好否。萬笑曰且試之。及交手，果如所言，萬手腳朝天，右胯著地如元寶形，將胯摔脫矣。醫療數月方癒。萬功夫甚好，至今尚健在，常曰俯之彌深屬害極矣。

進之則愈長，退之則愈促。

向敵進攻或追擊時，我進身跟步，步步逼之，使不能逃脫，故我手能愈進愈長也。如不能跟步，則手短不能及矣。退讓敵人時，或虛身以化之，或退步以避之，隨機應變，以其力不能及為度。故我能退而愈促也。總言之，即沾連黏隨之妙，去丟頂離抗之病也。

一羽不能加，蠅蟲不能落。

練功既久，感覺靈敏，稍有接觸，即能感覺而應之。一羽毛之輕，我亦不駝，蠅蟲之小，亦不能落我身。蠅蟲附我身，如著落琉璃瓶，光滑而不能立足。蓋我以微妙之化力將蠅蟲足分蹉也。能如此則功成矣。

昔班侯老師於夏日行功時，常臥樹蔭下休息。偶或風吹葉落其身上，隨落隨脫滑落地，不能

停留。又常試己功，解襟仰臥榻上，捻小米少許置肚臍上，但呼一聲，小米猶彈弓射彈丸，飛射屋頂瓦面。班侯老師之功誠不可及，同志宜勉之。

人不知我，我獨知人。英雄所向無敵，蓋皆由此而及也。

與人對敵，不用固定方式。如諸葛用兵，或守或攻，敵莫能預測。諺云不知我葫蘆買什麼藥。此人不知我也。自己能懂勁，則感覺靈敏。敵手稍動，我即知覺，隨手湊巧應之。如非進身搭手，亦可離遠觀察敵之意圖，此我獨知人也。兵法云，知己知彼，百戰百勝。英雄所向無

敵，蓋皆由此而及也。

斯技旁門甚多。雖勢有區別，概不外乎壯欺弱，慢讓快耳，有力打無力，手慢讓手快。是皆先天自然之能，非關學力而有為也。

拳術種類甚多，各門姿勢不同。注重力大手快以取勝則一。然此只應用天賦之本能，與所學之技藝無關也。太極之理，則精微巧妙，非徒恃力大手快取勝，別與凡技也。

察四兩撥千斤之句，顯非力勝。

太極功深，有引進落空之妙，千斤無所施用，所謂四兩撥千斤也。

昔京西有富翁，壯宅如城，人稱小府張宅。其人好武，家有鏢師三十餘人。慕廣平府楊露禪之名，託友武祿青往聘。及至，張見楊太師身軀瘦小，衣服樸素，貌不驚人，心輕之。因執理不恭，設宴亦不豐。楊太師知其意，遂自酌自飲，略不旁顧。

張不悅曰：「常聞武兄言先生盛名，但不知太極果能打人乎？」楊太師曰：「有三種人不可打。」張問為何三種，答曰：「銅鑄者、鐵打者、木作者，此外足論。」張曰：「敝舍鏢師三十餘人，為首者劉教師，力能舉五百斤，與戰可乎？」答曰：「無妨。」及起勢，劉發式猛如虎，拳風有聲。臨近，楊太師以右手引其落空，以左手輕拍之，劉跌出三丈外。張撫掌笑曰：「真神技也。」遂使廚人從新換滿漢盛宴，敬奉如師。劉力大如牛而不能勝，

蓋無巧也。由此可知顯非力勝矣。

觀耄耋能禦眾之形，快何能為。

七八十歲為耄耋。耄耋能禦眾人，指練拳者言。不練拳，雖壯年，欲敵一二人難矣。戰定軍山之老黃忠言，人老馬不老，馬老刀不老，其言甚壯。練太極者，筋骨內壯，血氣充足，功夫至老不脫。人老而精神不老，故能禦眾人也。

昔建侯老師與八九人較，眾一擁而前圍攻之，但見老師數個轉身，眾人俱已跌出。有八九尺者，亦有遠至丈餘者。老師時年近八十，耄耋禦眾，非妄言也。快何能為之快字，指無著數之快，此忙亂耳，非真快也。焉能應用？快而不失法度為真快，斯可應用矣。

立如平準，活如車輪。

立如平準，即立身中正，支撐四方八面，不偏不倚也。活似車輪，言氣循環不息，環行全身，不稍遲滯，如車輪之轉動也。

偏沉則隨，雙重則滯。

何謂偏沉，前說車輪之譬。猶用一隻腳偏踏車輪，自然隨之而下。何謂雙重，

猶右腳踏右上方，左腳踏左上方，兩方力量均衡，則滯而不能轉動。其理甚明。

　　每見數年純功，不能運化者，率自為人制，雙重之病未語耳。

　　常有數人練太極拳，勤習不懈，用功五六年，與人較，則平日所學，全不能運用，不能制敵。有旁觀者曰，汝用功五六年，可謂純功矣，何以不能勝？請演練十三勢觀之。見其練法怒目切齒，奮力如牛，筋絡盡露。旁觀者笑曰，此為雙重練法，尊駕未悟雙重之病耳。另一人曰，我不用力練五六年，為何連十歲頑童亦不能打倒。又請演十三勢觀之，見其練法毫不著力，如風吹楊柳，飄搖浮蕩。旁觀者笑曰，此為雙浮練法，尊駕為雙浮練法誤矣。雙重為病，雙浮亦為病也。

　　欲避此病，須知陰陽相濟，方為懂勁。

　　欲避雙重雙浮之病，須明陰陽之理，陰陽即虛實也。總言之，沾連走化，懂敵人之勁也。

　　懂勁後，愈練愈精，默識揣摩，漸至從心所欲。

　　能懂敵之來勁後，不斷練習，即久練久熟，愈練愈精。常默識老師所授用法，揣摩其身手動作，極熟後，則意到手到，心手合一，漸至從心所欲也。

　　本是捨己從人，多誤捨近求遠。

　　與敵對手，要隨人所動，不可自動。吾師澄甫先生常言：「由己則滯，從人則活。」能從人便得落空之妙，由己反不能由己，能從人便能由己。理雖奧妙而確切，惟功

夫未到，則不易領略其意耳。常人與敵對手，多不用近而用遠，須知以靜待動，機到即發為近。出手慌忙，上下尋機擊敵為遠，此多誤捨近而求遠也。

所謂差之毫釐，謬以千里，學者不可不詳辨焉。

太極拳精微巧妙，分寸毫釐，不可差也。如差毫釐，等隔千里，不能應用矣。學者於此，不可不注意焉。

（六）徐震注王宗岳《太極拳論》

徐震（1898—1967年），著名武術研究家，教育家。字哲東。江蘇省常州市人。擅國學，好武藝，曾習查拳、彈腿、太極拳、形意拳、自然門技法、八卦掌及通臂拳等多個拳種，文武雙全。歷任南京中央大學、武漢大學、暨南大學、光華大學、國學專修館、西北民族學院等高等院校中文教授，上海常州中學校長。上世紀 30 年代曾隨郝月如深研武式太極拳，1950 年任上海市武術界聯誼會執委兼編審委員。五六十年代，多次在擔任全國性武術比賽中任裁判和副總裁判長。他認為，「非博聞廣見，通曉各派，則不足以倡導」。廣學博覽，大力推廣武術，倡導武術研究，將武術運動與人體生命科學相結合，在太極拳學術史上具有特

太極拳研究家徐震

68

殊地位。著有《國技論略》《太極拳考信錄》《太極拳譜理董辨偽合編》《武郝系太極拳述論》《太極拳新論》《王宗岳太極拳論闡明的技擊綱領》《形意習錄》《形意拳新論》《八卦拳述論》《少林史實考》《萇氏武技書》等著作。

王宗岳《太極拳論》為其重點研究的項目之一。對太極拳的起源等也做了大量研究，成果具有廣泛的影響。

徐震注《太極拳論》沒有過多的具體招勢、方法的解說，而重視心性修煉的感受和整體的原則把握，其中對於練功程序、層次，對虛實、內功等的闡述，實乃行家之言。

太極者，無極而生，陰陽之母也。

此節明太極取名之義，以為總攝體用之言。

易云，太極生兩儀。朱子《周易本義》云兩儀者，始為一劃以分陰陽。周子曰：「無極而太極。」拳名太極，蓋義取諸此也。習太極拳造乎最高之境，為能常定常應。常定為寂然不動，常應為感而遂通，寂然不動，無極也。感而遂通，太極也。應生於定，感生於寂，故曰，無極而生。易云：「一陰一陽之謂道。」謂一切事物，皆相反相濟也。太極拳練法，在開合蓄發，互為根紐。用法在順逆走黏，一時

徐震太極拳勢

俱運，皆相反相濟之道。故曰陰陽之母。此二句揖盡體用，實為全文之開宗本義。

動之則分，靜之則合。無過不及，隨曲就伸，人剛我柔謂之走，我順人背謂之黏。動急則急應，動緩則緩隨。雖變化萬端，而理為一貫。

此節言太極拳運用之綱領。

動靜在心，分合在形。心能宰制其形則一心主政，百骸從令。作止蓄發，無不如志。故曰，動之則分，靜之則合也。無過不及謂應合他力，須時間與方向兩皆適當。時間則不後不先，正當他力將發未發之際。方向則不即不離，正切他力難轉難化，不可抗拒之處。隨曲就伸，謂應合他力，貴能因事乘便不與抵悟，則他力皆為我用矣。此一節中，以此四句為主。走謂避彼來力，黏謂隨彼來力，彼力雖強，我能運轉靈敏，即可不受彼力，是為用柔，然必自處於順，乃能運轉靈敏，故柔與順常相合也。若筋腱未能練柔，舉止未能練順，他力雖背，我亦無由制之，以我亦不能得勢得力，即不能利用機會也。

「動急急應，動緩緩隨」，謂時間須求適合。若必以急為善，則有先自見其形勢之失，若必以緩為善，又將失之遲頓。故不可自用，惟當因彼。此四句中明上四句之義。

「雖變化萬端，而理為一貫」，謂法無固定，理有要歸，此二句總束本節。

由著熟而漸悟懂勁，由懂勁而階及神明，然非用功日久，不能豁然貫通焉。

此節言功夫之進程。

「著熟」為初步功夫,不過求熟於法而已。所謂法者,在本身為各部骨節筋腱之動作能相調協。在對角為於彼來力之線路能確實辨認。所以在此一步中,可謂重在應用力學之練習。

「懂勁」為第二步功夫,由法之運用漸熟,至於習慣自如,使思念變成本能。在本身為各部內外肌之調適,進於形氣之調適。在對角為於來勁之線路,無須著意辨認,肌膚自有感覺,身體各部反射之機能,極為靈敏。所以在此一步中,可謂重在神經反射之練習。

「神明」為第三步功夫,功夫至此,惟在調伏其心,養成定力,則精神可以控制外物,而他力無異我力。所以此步功夫,全重精神修養。

三步功夫,每一步中,尚有若干節序,然未易細分,且各人之過程不同,故亦無從詳分。至於練成之時聞,初步功夫,若不謬蹊徑,速者年餘,遲亦不過兩載。然自初步進入第二步,時之久暫,即已難定。自第二步進入第三步,亦復難言。要能持之有恆,精進不懈,親近良師益友,常相講肄,則功至自悟,故曰、非用力之久,不能豁然貫通。

虛領頂勁,氣沉丹田。不偏不倚,忽隱忽現。左重則左虛,右重則右杳。仰之則彌高,俯之則彌深。進之則愈長,退之則愈促。一羽不能加,蠅蟲不能落。人不知我,我獨知人,英雄所向無敵,蓋皆由此而及也。

此節言練法及功效。

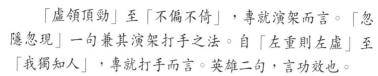

「虛領頂勁」至「不偏不倚」，專就演架而言。「忽隱忽現」一句兼其演架打手之法。自「左重則左虛」至「我獨知人」，專就打手而言。英雄二句，言功效也。

「虛領頂勁」者，自外形言，頭容端正，若以頂勁領起全身。

由內心言，寂然著合體於虛無，而腦聞常自爽朗，故「虛領頂勁」，實兼內外而言。若但說外形，則虛義不明，若專說內心，則頂勁何指，故當內外兼及，義乃滿足也。氣沉丹田為伏氣之功。丹田為臍下少腹，意繫於此，漸加揖斂，將覺如有孔穴，為呼吸之根，息之出入，乃極深細，至於安勻調暢，舉體自爾和順，運用自能隨意，乃至不覺有孔穴，不覺有氣相，此須體驗方知，非可以意測度也。「不偏不倚」即為中正，乃專就外形言也。外形欲其中正，當先謹守身法十目，即武禹襄所標示「提頂、吊襠」等是也。此十目能練至悉當，即為合度。統觀此三句，「虛領頂勁」與「氣沉丹田」，皆「不偏不倚」，為基本功夫，太極拳練法，不離演架打手，予演架中用輕清閃倏之勁，是為練本身之「忽隱忽現」。於打手時使突變猝發之勁，是為練應敵之「忽隱忽現」。

自「左重則左虛」，至「退之則愈促」，此乃練走練黏之法。其要訣總歸不與彼力相犯，而因勢利用之耳。至於「一羽不加，蠅蟲不落」，則皮膚感覺之敏，全身運用之靈可知矣。故人不知我之動靜，我獨知人之虛實。「人不知我」，則能出其不意。我獨知人，則能攻其無備。依此練法，施諸拼搏，自有奇效。故曰：「英雄所向無敵，蓋皆由此而及也。」

斯技旁門甚多，雖勢有區別，概不外乎壯欺弱，慢讓快耳。有力打無力，手慢讓手快，是皆先天自然之能，非關學力而有為也。察四兩撥千斤之句，顯非力勝，觀耄耋能禦眾之形，快何能為。

此節明太極拳之特長。

「斯技旁門甚多」四句，謂太極以外之各派拳術，皆形式有殊耳，據實論之，無非恃先天之力與捷，其不合正法一也。震謂太極獨到之處，在超越形骸之作用而練成心神之凝定。故功夫不隨血氣之盛衰而進退。太極而外各派拳技，雖有其高美之理法者，然皆不免隨年事為盛衰。如摔角之術，非無巧法，年逾五十，功夫即不免衰退，惟太極拳功夫，可以至老不退，此亦其獨到之處也。

「有力打無力」四句，明太極之妙，在不恃本有之力與捷，而能由學以成智勇。然太極之外各家拳術，亦有其高美之理法者，謂其未若太極之深妙則可，直謂皆是先天自然之能非關學力而有，未免抹煞太甚。

「察四兩撥千斤」之句，謂太極拳家，不取力與捷，其實何嘗不取力與捷，特其力與捷，皆由鍛鍊而得，非先天本其具耳。太極拳所用之力，粗者為肢體聯貫動作之合力，精者為意氣一致之剛勁。太極拳所用之捷，粗者在肢體之能調，與時、方之有準，精者在感覺之敏，心神之定。故其力不爭強，捷不爭先，惟在當機赴節（當機則能後發先至），故有四兩撥千斤、耄耋能禦眾之效。

立如秤準，活如車輪。偏沉則隨，雙重則滯。每見數年純功不能運化者，率皆自為人制，雙重之病未悟耳。

此節言太極拳之得失。

「立如秤準」四句,上二句言勢法之本,下二句言得失之由。秤之為物,能權輕重而得其平。人能將重心位置得當,則雖在變動之中,全身之力仍得平衡,就其姿勢言之,則有立如平準之象。若能養成此種功夫,則作止變轉之時,自爾穩定便捷,已能保持此種平衡力,方可練全身處處圓轉,能全身處處圓轉,則與外力接觸時,可以順勢滑過,故能不受他力,此即活似車輪之義。又圓轉之法,大圈之中更包小圈,此種複合之轉法,最能利用他力之來勢而變更其方向,故「立如秤準,活似車輪」,乃一切勢法之基礎,乃可隨而不滯。

所謂隨者,須將兩足分清虛實,使重心常在一足之內,作止變轉,常將兩足交互相代,以支其身,則重心不至提高,動中依然穩定,動時仍可發勁,此所謂偏沉則隨也。以支身著力於一足,故曰偏沉,以身體各部可任意而動,故曰隨也。

輕靈之功,果造其極,絲毫不受他力,所謂「一羽不能加,蠅蟲不能落」。此二語最為善於形容,若他力來時猶有與之抵牾之意,則與左重左虛,右重右杳之義不合,如是則犯雙重之實。

犯雙重者,必顯其力之方向,方向既顯,則為人所乘,每至不及轉變,故曰雙重則滯也。

「每見數年純功」四句,即專言雙重之失,大抵犯雙重之失者,多由步法虛實不清所致,所以者何?緣動步之時,不能圓轉自如,遇有他力突然而至,乃不得不與之抵拒,如此即成雙重之病。論中以偏沉與雙重對舉,意在是也。

欲避此病，須知陰陽，黏即是走，走即是黏。陰不離陽，陽不離陰。陰陽相濟，方為懂勁。懂勁後愈練愈精，默識揣摩，漸至從心所欲。

此節言取徑高，則病去而技日進。

陰陽走黏之義，已見上文。「黏即是走，走即是黏。陰不離陽，陽不離陰」者，以本身言，則一時能為複合之動，錯綜而運也。以應敵言，攻守俱時而有，取勢相反相濟是也。

舉例明之，如推手之時，彼力前擠，我須一時將身向後向側向下按勢而不著力，足反陰自下進，並於此時將我欲發勁之方向取準，及彼勢已窮而將回，我乃隨其回勢而用勁下按，此即一勢之中，含複合之動，錯綜之運也。至於當彼擠進之時，我以避讓為蓄勢，故守即同時為攻，相反適以相濟，此陰不離陽，陽不離陰也。然此特就顯見之法式言耳，故為粗淺之動作。功力既深，動作造微，雖有複合錯綜之實，一泯攻守避就之跡。此亦非言語所能達，而當徵諸體驗矣。

「陰陽相濟」，總括上四句而言，果能臻此境地，自能知己知彼。是以謂之懂勁。由是愈練愈精，直可視他力如己力，是為從心所欲。自懂勁以後，全是內省功夫，非復求諸外形所能到。故以默識揣摩，示用功之途徑。

本是捨己從人，多誤捨近求遠，所謂差之毫釐，謬以千里。學者不可不詳辨焉。是為論。

此節明太極拳功夫之歸究也。

「捨己從人，捨近求遠」，應作四種料簡，一為既不

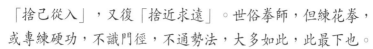

「捨己從人」，又復「捨近求遠」。世俗拳師，但練花拳，或專練硬功，不識門徑，不通勢法，大多如此，此最下也。

二為雖知「捨己從人」，未免「捨近求遠」。習太極拳功力淺者，易犯此失。

三為不能「捨己從人」，尚非「捨近求遠」。內功之粗者，外功之精者，往往如此，其用法未嘗不簡捷，特非變化圓融，隨觸即轉，未免有起有落，雖就勢法言，已不見「捨近求遠」之失，究極論之，尚未盡切近之能事也。

四為太極功夫之歸究，必於「捨己從人」中，求其至切近之運用，所爭只在毫釐，功夫若此，方為造微也。

故結論云：「差之毫釐，謬以千里」。意謂太極拳之所以夐絕，正以有此精微之境。不到此境，不足以識其特異。學者於此，小有差忒，即不得太極拳之真諦，故辨之不可不審也。

（七）洪均生注王宗岳《太極拳論》

洪均生（1907—1996年），從學於陳發科，為其重要弟子。善詩文，精太極，文武兼修。在太極拳理論上有許多獨特感悟與見解，是一位具有很強思辨能力的太極拳家。所提出的「人有品，拳亦有品，拳品高低實以人品為主」實為精闢之言。該篇注釋，解析精微，從哲理出發，落實於太極拳要領，特別是對一些

太極拳名家洪均生

具體練習方法做了細緻、生動的講解說明，具有很強的實踐性，能使讀者學有所依。

太極者，無極而生，動靜之機，陰陽之母也。

極是頂點、極限，加「太」字，猶如平時說原始。太極：太極本為宇宙天地萬物的本源。此處指太極拳而言。

無極：宇宙天地萬物誕生前的虛空、靜寂、混沌狀態。此處指太極拳演練前準備階段時的狀態。此時中心泰然，抱元守一，無念、無慾、無求、無持著的虛空狀，謂之無極。無極動而生陰陽，陰陽蒙發而生太極。未動之時動靜、陰陽、剛柔、進步、開合已悉數寄寓其中。可為萬有之母。

母：本源，根本。是動靜的機樞所在。

動：指物體按一定方向，以一定速度在空間移動。

靜：保持或維持物體原有的位置。動靜無端、陰陽無始，為太極的樞紐機關。太極拳行功時，於動中存靜意，於靜中寓動機，靜極則動，動極則靜，一動一靜互為其根。

俗話說「無中生有」，一切的「有」都是從「無」中發生的。宇宙中的「有」是不可限量的。不過人的知識受到生理和環境等因素的局限，不可能一一預見出來，必須根據科學知識，從不知之「無」而有所發現、發明、創造、前進（此為外因），也就是陰陽二氣的相互推動和制約，「動靜之機，陰陽之母」的道理就在此。

動之則分，靜之則合。無過不及，隨曲就伸。

此為「動靜」的「開合」，開合的限度就是無過不及，最重要的是指出了動靜的規律是「隨曲就伸」，也就是螺旋式的運動形式。開合是自然現象，無過不及、隨曲就伸是科學方法。

太極拳各個姿勢一動一靜之間，前後、上下、左右、手足、肘胯均有陰陽虛實可循，所以說動之則分。其相對靜止狀態，

其動作、肢體無運行軌跡可指，陰陽虛實具在其中，此謂靜之則合。以發力狀況講我動時將敵力分化，不能直達我身，敵勁落空後稍靜我勁合而渾整，即刻發放。所以能「後發先至」。

過：逾越。及：到達。隨：順隨。就：即、去、薄近。過與不及都是失中。失中則陰陽盛衰失衡，就不能合。運勁過則生頂抗，不及則有丟、偏。要做到不即不離，就應當隨之而曲，就之而伸，隨機應變，不要一成不變，不要固執己意。

初學太極拳的人容易犯「過」的錯誤，稍懂勁後則常失之「不及」，學者不可不慎查也。

「無過」「不及」，沒有說明何處為標準，未免使人迷惑。陳氏十六代陳鑫《太極拳圖說》指出「兩手各管保

護半個身體，以鼻為界」，自轉纏法有順、逆之分。所以，太極拳愛好者們要在實踐中體驗「過則丟勁，不及則頂勁」的規律。

人剛我柔謂之走；我順人背謂之黏。

人：指對方。剛：剛猛有力。柔：柔順，不頂勁。走：化敵來力。柔以承之，變化敵力方向，不為所制，叫走。順：得機，得勢，自由便利。背：不得機勢，行動不自由便利。黏：取制敵人之力。

這兩句說的是推手、打手的規律。對方用剛勁來進攻，我必須用柔來引化。乍看起來似乎不難理解，但初學者以柔迎剛，顯然不頂但又容易丟勁，因此，要瞭解剛與柔的用法以及配合變化。

初學者往往用的剛柔難免直進直退，原因是懂得用公轉的弧線而不會用自轉配合旋轉，這就是感覺用剛則頂、用柔則丟的癥結所在。

其實，與對方所接之觸，遇線則柔，遇點則剛，但我方的點碰到對方的線則必然滑過去而又成柔，點對點才能顯現出剛來。如果雙方都是正面的點，又會形成頂勁，勁大、速度快的就把勁小、

速度慢的頂回去。陳式太極拳雖然需要用癥結的點碰對方的點，卻用的是螺旋中輻射的點，所以勁發而不覺頂。

怎麼做才能「人背我順」？概括地說，身法、步法、手法的公轉配合，自轉要因對方變順逆，公轉要因對方變三角形：手與手、步與步、手與步都應當是三角形的。

動急則急應，動緩則緩隨。

這一段講的是在與敵交手時，自己動手的急緩速度應隨對手的變化而變化，當然同樣要求「無過不及」。太極拳的交手規律是「彼不動，我不動」，其原則上「人不犯我，我不犯人」。不先動，對方就不知道我方的動向，不發則已，發就準確無誤，平衡自己的中心，確保自己安全。由於動作的時間因對方快則快，當慢則慢，故練拳應快慢相間，轉彎宜慢。不可誤認為太極拳能以慢勝快。

雖變化萬端，而理為一貫。

太極拳理只有一個：陰陽對立學說；體現對立統一規律。基本規律即是落下移動的順、逆自轉和公轉。由於交手時需要注視對方，不許隨身、手亂轉外，身的左右旋

轉，步的進退，手的自轉與公轉的方向和腳的大小，莫不由於對方的變化而適當應加的加，應減的減，而且，加減的尺寸與時間毫釐不差，分秒必爭。動作千變萬化，還是一貫用纏法進行。但是，懂理不懂法，猶如「紙上談兵」，徒有虛名。

由著熟而漸悟懂勁，由懂勁而階及神明。

此句說明從學拳到交手的前進方法和提高的層次。「著」即太極拳是十三式：掤、捋、擠、按、採、挒、肘、靠八個手法；前進、後退、左顧、右盼的眼法和中定的身法，而且相互關聯。

「掤」有兩種含義，一是指內勁，即纏絲勁。它貫穿於周身，是運用各種著法的勁。任何著法若沒有掤勁，即使做對了也沒有質的作用。二是指著法，它是指與對手交手時的引化作用。所以，陳式拳的每一動作或轉折之處都是掤著。掤在太極拳中好比書法中的點。字的筆劃有橫、豎、撇、捺、折、鉤，皆從點始隨後改變方向。以點而論，從一個點到幾個點，從中上的點（主），到旁邊的點（玉）、在下的點（太）來看，它的配合方向各有不同。

「主」字的點必須點在正中，和王字的橫劃距離也必須適當；「玉」字的點必須在王字中

横的右下側（犬字的點在横劃的右上方），「太」字必須在撇的下側，而且下筆的時間也有所不同。兩個點在上的如「羊」字，在中間的如「火」字、「曾」字，在下的如「只」字，旁邊的如「冷、冰」等，再如「江、海、點、魚」等，不但配合變化各有不同，用筆的方向也如纏法的順逆運用一樣。

三點水的第一、二點是順纏，第三點是逆纏；下面四點第一點逆纏，第四點順纏。書法尚且如此，掤法應據來力的方向順逆而變。學習書法從正楷始，一筆一畫，認認真真，一絲不苟。學拳也然，著熟才能到達陳鑫「守規矩而不拘泥於規矩」的境界。

将、採、挒都是順著來力方向引進落空的著法。順逆纏絲的圈有大小，方向有分合。将走中圈，力先合後分合分各半；採走的圈大而高，合力多於分力；挒則走小圈且分力多。擠、肘、靠是以手、肘、肩進攻對方著法。按是解決擠、肘、靠的方法。「著熟」的基礎意思應該是先瞭解某個動作是什麼著，為什麼這樣用，全身如此配合的作用等，然後，加工熟練，才不枉費力氣。

對「著熟漸悟懂勁」理解，應該首先理解什麼是「勁」及其怎麼用。「著」是有形的，「勁」是內在的，它是經過由形的模仿到細微的修煉而產生的。「懂」應當是指「勁」的運用，「懂」的方法是走架和推手的實驗中漸漸悟出的，也就是「懂」的時間和方向的結合與變化。

「神明」是指變化莫測、出奇制勝。「明」與「著熟」密不可分。「著」有明而熟，「勁」有明而神。功夫的提高是層層遞進的，如此說從「漸悟」到「階及」。

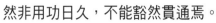
然非用功日久，不能豁然貫通焉。

這裏說的用力的「力」不是指的用拙力，而是用心學習並持之以恆的鍛鍊，也正是陳發科師所教導的「按照規矩練對、練熟、講明、加細、一一試驗」的結果。「豁然」二字是「明」的擴大。初學開始的明，只是一著一勢的認識，貫通則是全面的，由表及裏、由此及彼、觸類旁通的認識。

「懂勁」一詞首先由王論提出。研究太極者亦莫不講求懂勁。許多書刊講到懂勁，總不免囫圇吞棗地說，為求懂勁，先要聽勁，為了聽勁，先要問勁。但用什麼方法去聽去問，聽出、問出之後怎樣應付，卻說不明白。也有人主張學太極拳必須兼學推手，這是合理的。因為拳中的每一動作等於書法一個字上的每一個點畫，每個式子等於文中的句子，一套拳路等於一篇文章。

學文字，首先要認清字形、字音、字義，然後透過造句，才能漸會作文。學推手猶如學造句子，練散手又好似學寫文章。如果字義不明，豈能寫出通順的文章。杜甫曾有「讀書破萬卷，下筆如有神」的詩句。但所說的「破」，並非真的把書弄破，正是此文「豁然貫通」的意思。所以我認為，推手是練架子後檢驗所學動作是否正確的一層功夫。

至於太極拳的奧妙則應當在學明著法時，由教師講解、試驗便可粗略地領會。

有人說，不學推手得不到太極奧妙，這話我不理解。至於說推手須練鐵棍，以增力氣；又須學摔跤、拳擊，以求技術云云，我是莫測高深的。

是否太極拳在技擊方面一無所有，必待外援，方能有成呢？這個問題需要經過有識之士來探討。

虛領頂勁，氣沉丹田，不偏不倚，忽隱忽現。

這四句講軀幹上下中三盤的規律。

頂勁為上盤的主要部分。按說從項到頂都屬上盤。頂勁是以頭頂百會穴為主的。由於是上盤，所以勁須向上領起。陳鑫先生說：如同用繩子從百會穴將人向上懸起似的。這句話解決了我對《十三勢行功總歌》「滿身輕利頂頭懸」的「懸」字的疑問。又從而體會出頂勁上領，身部才能輕利。說為虛領，因並非真有繩子懸起，只是想像而已。

《太極十要》第一條為「虛靈頂勁」，可能是誤領為靈。因為從百會穴到尾閭長強穴上下成一條線。在槓桿原理方面，它是支點。支點必須中正，不許搖擺。所以拳論又有「立如平準」「腰如車軸」的說法。

氣沉丹田是講下盤規律。

84

丹田原為道家術語，在
經絡學方面即是氣海，
也可以說是人體的重心
所在。按力學原理來
講，重心降低則加強穩
度。

　　但氣沉丹田的方
法，並非憋著氣鼓小
腹。陳式拳的氣沉丹田
與尾骨的動作有密切關
係。陳式主張尾骨下端
的長強穴要微向後翻，這與社會上習慣的尾骨內收的方向
是完全相反的。由於長強穴微向後翻的姿勢，可使小腹的
下部微向內斜，則胸腹間的氣自然沉到小腹；而且同時可
使大腿根裏側的大筋放鬆，襠部開圓，則身體左右旋轉的
角度也自然放大，不但加強重心的穩度，又能增強步法的
靈敏。

　　「不偏不倚，忽隱忽現」這兩句是講中盤腰部規律
的。上句要求立身中正，下句說明腰部是左右旋轉的。腰
向右轉則右隱而左現，向左轉則左隱而右現。

　　以上四句話講明人體上中下三盤的基本規律。從文法
的次序來看，為什麼先講頂勁，次講丹田，最後才講到腰
呢？我認為，正是教人學拳掌握規律的次序。因為上下先
成為一條線的形狀，腰部自然可以中正而不偏不倚。

　　有人怕學者不能瞭解頂勁的如何虛領，說如頭上輕輕
頂起一物。其實，頂和領字的勁及動作絕對不同，領是從

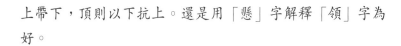

上帶下，頂則以下抗上。還是用「懸」字解釋「領」字為好。

左重則左虛，右沉則右杳。

這兩句講左右手足的上下配合。乍從字面上看，似乎使人難以理解。當初我見到一個手抄本為「左重則右虛，右重則左杳」，我還以為這樣寫才是對的。後來又想到，這樣太平凡了，為什麼提到拳論上？經過學練陳式推手，才認識到這是講的手足上下配合，正是避免「雙重」之病的要訣。如果寫作「左手重，左步虛；右手沉，則右步虛」，就使人易懂了。

對於上兩句話，也有人解作推手規律，即應當「人剛我柔」，似也有理。但對方是否以左手攻我左方，右手攻我右方，都是不一定的。

仰之則彌高，俯之則彌深；進之則愈長，退之則愈促。

這四句與上面兩句都是指方向變化，前兩句講的是左右配合，這四句中的仰、俯講的是高低，進退講的是前後方向的應付規律。

我們可以體會出句中的「之」是可以代表敵我雙方的。先就敵方動作來講：敵方向高處採我，使我失中，我隨即比他更高；如向下按我，我隨即比他更低。這個更高、更低不是直線而隨，必須採用陳式的螺旋自轉與公轉，配合身法的旋轉、步法的進退，才能達到所需的要求。對方採我右手，我以右手順纏上隨，隨即肘尖向內收轉，手指仍高不過眼，衝向他的中心，同時進右步於其襠

內，塌下襠勁。從外表看來，手並不高，由於臂部向內彎曲，加上進步、塌勁，使對方自然感到他無論如何想把我引出去，我的手勁卻比他更高。這些動作可以參用野馬分鬃進右步的身、步、手法。

如果對方進步向下接我右手，我用二路窩底炮的動作，先退左步，繼退右步到一尺餘寬處，下塌襠勁，同時右臂走逆纏，肘貼右肋，手合在襠中，加大逆纏，使對方感到越往下按其力下陷得更深。

進之是對方捋我的手法。我身向左或右轉（捋右手則左轉，捋左手則右轉）。進右或左步，鬆肩沉肘，先進手擠，擠時手走逆纏，肘部以上則走順纏，而手腕轉向他的右或左肋，使之感到我的手臂越引越長。

如果對方按我右臂肘關節，則視來勁的方向，偏上則走順纏反旋收轉肘尖，偏下亦走順纏正旋沉肘貼肋，手部指向對方，步法或退或進，如十字手、攔擦衣的身步手法，便可使他感到勁難以前進。

但，如我採對方，他以前法上隨，我即用第一套金剛搗碓第二動作，勁在左手下塌外碾，或用白鶴亮翅第二動作右手上採，而左手按其小腹右側。前者是進左步雙採

法，後者是退右步的右採左按法，都可使他有高不可攀、自行後退之感。

如我向下按人，遇著對方以窩底炮的右手加大逆纏引我前傾時，我只要加大左旋塌勁，以右手順纏向其襠內轉進，即可破解。

将捋引進，我身手雖形向後退，只要前手做好下塌外碾，則可感到他的長度趕不上我。採擠的前手隨其身的旋轉和手的撥按，而沉肘以變手的順逆纏法和方向的提落前進，亦可使之退不出去。

總之，都要身法、步法、手法的加減適當，而眼法不變，自能收效。

一羽不能加，蠅蟲不能落。

上句講感應的靈，下句講旋轉的快。

人不知我，我獨知人。

這兩句講的是戰略，當然也包括戰術。說到「知」字是大有講究的。知人的方法，一般是先從外形觀察：

1.對方和我站立的方向，先看出他在我的前方，或左、右方；

2.再看他的腳哪只在前；

3.看他的身體先向何方轉動；

4.最後注意他的眼注視我的軀體哪個部位。

我們如能從推手、散手的實踐中取得經驗，便可從外形的觀察中推斷其動向，而因敵變化適當應付。但是，仍應遵守「彼不動，己不動」的原則，以靜待動。

不易知者是內勁的變化，必須試而後知。武術界有個成語說：「行家一伸手，便知有沒有。」這是說伸手接觸，便可知對方有沒有真正功夫，功夫的水準是高是低。大抵身高力壯的來勢必猛，持力以求速勝，來力必然直而硬。我方身、手略一旋轉，便可引進使之落空，甚至反跌出去。對方來勁較柔，而且善於旋轉變化的，便應提高警惕，而因敵變化。

怎樣才使人不知我呢？如要使人不知我，首先在知人之先，能有自知之明。自知是知個人所學拳套的著法作用和其變化，並且善於在什麼時間變什麼角度，恰如其分地、毫釐分秒不差地去適應對方的變化。

能做到這個程度，便是懂得陳式規律的對手，也難以預知我將怎樣轉變。何況陳式的轉關出奇處不完全是弧線，而是S、S形的。它的橫、直、斜、正又是周身多變的，不但人不能知，我也不能預知。陳鑫先生詩云「我也不知玄又玄」，確能道出實際情況。

英雄所向無敵，蓋皆由此而及也。

這兩句總結全文。由於所向無敵，因被人稱為英雄。而無敵的效果，來源於按照所講的一切規律，持之以恆地鍛鍊日久，由著熟而達到懂勁、階及神明的水準。文中的「此」字即指上文講的規律。

陳鑫先生所著《陳式太極拳圖說》開頭定出學拳須知的戒律。他說：「學拳必先明理。」我認為所說的「理」，一方面指拳理，另一方面則指為人處世的道理。所以又說：「會拳後，不可手狂、口狂。」手狂固然易招

是非，口狂也會招人厭惡。他解釋為：「說話謙和，勝則少招人忌，敗亦少招人恥笑。」總之，謙虛謹慎是為人的基本準則。在武術方面，便是武德。

斯技旁門甚多，雖勢有區別，概不外乎壯欺弱，慢讓快耳。

從這一段至下文「快何能為」是介紹太極拳法與其他武術不同之處。

「斯技」二字泛指武術，「旁門」二字是說各種套路。雖然姿勢配合的不同，大多數都是體壯的勝過體弱的，也就是手慢的勝不過手快者。

有人認為此文「旁門」一語涉於自驕，而輕視其他項目。我則認為，作者只是概括論述，並非意存軒輊。

有力打無力，手慢讓手快，是皆先天自然之能，非關學力而有所為也。

這一段指出先天自然之能和學的比重。啓發人要重視學，而不可自恃天然條件。因為玉不琢不成器，內因與外因必須結合起來，才能有所前進。

察四兩撥千斤之句，顯非力勝；觀耄耋能禦眾之形，快何能為。

這段引出有關詩句和曾見的事實，以證學的成效。

「四兩撥千斤」之句，乃無名氏所寫《打手歌》中第四句，意為體察句意，可以證明用輕量的四兩便可以撥動千斤之重，顯然不是用拙力制勝的。再看約八九十歲的耄

耋（音同貌蝶。八十為耄，九
十為耋）老翁能夠抵抗眾人的
形狀，年輕體壯的手快，又何
能為力呢？

　　文中雖說「顯非力勝」
「快何能為」，但我認為作者
並非完全否定「力」和「快」
的現實。作者所注重的在於
「學力」。因為有先天自然之
能的力與快，加以學力，則用
少力而效果更快。我贊成《九
訣八十一式》對力的解釋，它
說，句中雖指出「四兩」「千
斤」，只是極言用力合乎拳法，則小力必能勝過大力，並
非一定只用四兩的勁，而且後備力量是同樣需要千斤。

　　不過有些文人編撰的太極書刊，往往誤解為力是廢
品，而提出「用意不用力」，甚至把意字說得神乎其神。
如：彼力剛挨我皮毛，我意已入彼骨裏。又有人加上
「氣」字，如說：彼之力才挨我皮毛，我的氣已入彼皮裏
膜外之間。既然意、氣如此神妙，何以王論中無「意」
字、「氣」字，而只講學拳、練拳、用拳的形式與時間、
方向的配合，以及勁的如何求懂呢？

　　有的書上介紹武禹襄力舉三百斤，郝為真有數百斤之
力。我也親眼見過陳發科師將體重二百餘斤的李劍華高舉
過頂。可見有力不是壞事，全在於以科學的方法加以運
用。

也有不少太極拳家改力為勁，說是力由骨出是硬而直的，勁由筋生是柔韌的。但我們看太極推手比賽，許多人又多用力頂、拉，而缺乏技巧。推其原因，可能由於學的方法不合力學，遂致有此現象。

立如平準，活似車輪，偏沉則隨，雙重則滯。

這四句又重述太極拳的靜動規律和運化方法。

「平準」即社會上常用的天平。舊式的天平是中間一個立柱，上有活動槓桿，桿上各拴細繩，下面各平掛盤子。稱物時，一個盤子放東西，一個盤子放砝碼，砝碼刻有分量。這裏用平準來比喻太極的軀幹要中正不偏，等於力學槓桿的支點，盤子等於兩手。

接觸對方的手如同加上什麼物件，就像一定分量的盤子，是重點，另一支手如同砝碼，可以起平衡作用，等於力點。陳鑫也說：「拳者，權也。」可以稱量來力的輕重，與王論的見解都是符合力學的。

不過，我們稱物是要求力點與重點平衡的，拳法的運用則是一方保持本身的平衡，同時又破壞對方的平衡。來的分量重則減少砝碼，使來力反折回去。而且陳式的科砣有兩個，在後面的後膝下垂，以加強自身的穩度；在手部砣的作用又不限一處，全在自轉與公轉配合變化，因敵之動而隨時移動，更為巧妙靈活，但也很難掌握得毫釐分秒不差。

下句以「活似車輪」為比喻，刻畫出太極拳手足運動的形象和作用。是車輪就得有車軸，輪子旋轉，而軸在輪的中心並不搖擺，這是動中的靜，恰與上句「平準」的靜相似。平準有兩個盤子，稱物體時又必然從靜而動，可以

說它為靜中之動。

「偏沉則隨」，猶如秤盤與秤砣的配合，車輪的旋轉，雙重則滯，猶如關上了閘則轉動不得。「雙重」這個句詞，是王宗岳首先提出來的。許多研究太極拳者對於這個問題各有所見，後面我再詳述自己的看法。

每見數年純功不能運化者，率皆自為人制，雙重之病未悟耳。

這一段說明雙重之病的「滯」，在於不知運化。要想運化，必須先認清什麼是雙重。

欲避此病須知陰陽。

「陰陽」是我國古代哲學的總符號，它可以代表事物矛盾的兩個方面。王宗岳是深知陰陽道理及其配合變化的。文中從陰陽談到無極、太極、動、靜、分、合的過與不及，交手中的剛、柔，走黏效果的順、背，時間上的緩、急，最後總結到拳法的變化萬端，拳理的一貫。徹底瞭解陰陽的理法，亦即認識矛盾的對立統一法則，也就真正懂得太極拳的奧妙。

他把個人的認識寫出來留給後學，大家奉之為經典著作，是當之無愧的。

黏即是走，走即是黏，陰不離陽，陽不離陰。陰陽相濟，方為懂勁。

這段文字又把前文「人剛我柔謂之走，我順人背謂之黏」的黏、走對立，進一步統一起來。黏、走怎麼能合一

呢？是由於「陰不離陽、陽不離陰」，「陰陽相濟」的道理而形成的。能夠知道這個道理方能眞正懂得勁的剛柔相濟和陰陽互不分離是一個道理。

這段文字在理論上，可以說是講得十分清楚恰當了。但是在拳法上怎樣才能用動作來證明理論，而使學者了然於心目中呢？

我認為只能用陳式太極拳的自轉順逆纏法和公轉正反旋法透過試驗，才能眞正體會如何陰陽相濟，即剛柔相濟，而表現為「收即是放」。

首先我們要知道陳式的任何動作都是螺旋形的。它無論在軀幹上、肢體上，甚至一個指頭上，都離不開旋轉運動。公轉的弧線是配合自轉形成的，公轉不是只有弧線，而是S、S運動，如同螺旋槳的形式。凡是與對方接觸的任何肢體的任何部分，立刻順著來力的方向用自轉的順逆和公轉的正反隨著變化方向，這就是「人剛我柔」的「走」法。走是化去來勁，並不是走開，所以柔也不是軟弱，而是圓轉。閃展騰挪是陳式所忌的，但陳式戰術也並非全無閃展騰挪，而是用螺旋運動的「沾黏連隨」來適應的。我們試用螺絲釘作為比喻，上螺絲釘是前進的走，卸螺絲釘是後退的走，因為有螺紋的關係，不能硬頂進或拔出去，好像黏住似的，這就是走即是黏。

我們再以螺絲釘的陰陽為喻。螺絲釘帽是陰，釘尖是陽。上螺絲釘和卸螺絲釘，都是以釘帽的撐轉而進退的，而且螺紋的兩旁也有陰陽相濟的作用，凸的紋為陽，凹的紋為陰，紋如沒有凸凹，便無陰陽了。

觀察它的運動形式是螺紋同時一左一右、一上一下、

一進一退地旋轉著，同樣不是孤立運動的。螺絲釘運動是陳鑫先生曾舉作拳法進退比喻的。但這僅是一個物體的簡單運動，太極拳則是全身運動，軀幹要求中正不偏是豎立的螺旋紋，兩腿是向下斜的螺旋紋，兩臂又是可向上下、左右、斜正而因勢變化的螺旋紋，它的螺旋方向確是變化萬端。勁的虛實，剛柔、開合更是難以揣測。

雖然全身器官能都像鐘錶那樣，大小輪軸各有所用，而軀幹還是主要的。所以拳論說：「主宰於腰。」由於腰的旋轉帶動手足，而手足的配合也不可忽視。此文提出「雙重」問題是必須研究的。

各種有關太極拳書刊對於這個問題雖亦非常重視，但其說不一。有的說馬步重心在中間，兩足平均支持身體重量，即為雙重；有的說交手時雙方用力頂抗乃是雙重。因此，也有人主張在動作中把重心全部移於某腿；或者提出單重的口號。最奇特而又可笑的是，竟說雙重是病手，雙沉是功手，自爾騰虛云云，又創出雙輕、雙浮、半沉、半浮之說。不知王論所說雙重之病講的是手足虛實配合運化，著重雙字，不是專講字眼上的重或沉。如果換了字眼，便可轉病手為功手，重和沉字的意義不是相同的嗎？怎能變病為功呢？

我認為這是文人習拳通理法卻自作聰明，舞文弄墨，貽誤後學。也常有人厚古薄今，遇到舊文，便奉若珍寶。我認為，學前人文章，必須取其精華棄其糟粕地批判接受。對於當代文人，則要尊以師禮，擇其善者而從之，其不善者而改之，才是學習的科學態度。

我對於雙重、懂勁等問題的認識過程，也走過許多彎

路，順便在這裏寫出來，作為後學的前車之鑒，也可作為研究的資料。

我初以劉慕三先生學吳式拳時，即以所抄各篇目有關太極文字見示。對雙重問題，劉老亦從俗說以馬步便為雙重。我始而相信，後漸漸生疑。以為如果馬步由於重心在中間，兩足平均員擔身體重量便為雙重之病，只要把一足提虛就行了。怎麼吳式的單鞭仍保持馬步？馬步究竟比一虛一實的步子較穩當些，為何說它是病？而且王論說「每見數年純功，不能運化……」純功而且數年，仍然不悟雙重之病，可見不是變雙為單便會運化。直到學練陳式數年，經過老師講解、試驗，才悟到雙重是指的手足配合不許上下全實。

陳式的練法、用法，前手前足都是上實下虛。如第一搗碓的左進步採法之左肘下塌外碾為實，而左足前進為虛；第二搗碓的左手前掤為實，則左足尖外擺為虛，右手前按時提進右足，又是手實足虛。但從練時觀看，看不出何手為實。一經試驗便知對方的手是前者在我左肘下面，後者在我左腕上面。前者我擺右足尖以便進左步，後者則擺左足尖

以便進右步。腿部如果與手部上下同實，不但不能前進，連足尖的外擺也不可能。這就證明「左重則左虛」以避免雙重的妙法。攔擦衣右肘沉而進右步的道理、方法也是如此。

手足上下配合不許雙重，手與手的配合，也不許雙重。如六封四閉的雙按、抱頭推山的雙按，由於身法是側著的，手部發勁的分量當然隨之一輕一重，都是右手重於左手。再看步法的三角形，也可以體會出足與足的配合同樣是前發後塌。

陳鑫先生講三節最細。他說：以一臂而言，肩為根節，肘為中節，手為梢節。以一手而言，則腕為根節，掌為中節，指為梢節。細分析到一指也有根、中、梢的區別。所以三節之中還有三節。總的講來都是渾然一體。

他的著作中又常講到何手為主何手為賓。起初我也不懂。近些年來我從和同行們試驗中才逐漸認識到整個軀幹、肢節處處有虛實配合變化，同樣處處不許雙重。我們試驗的拳式經常是抱頭推山的第五、六動作。第五動作的右肘走順纏反旋，作用是鎖住對方卡在我右臂彎的左手腕部，同時進右步於其襠內貼其右腿裏側，再以雙手按其胸部。在我方來講第五動作是右肘為主。當對方左轉進了右步，雙掌按胸之際，只要隨來勢身略下塌左轉，用左手中指走順纏向他的右前下斜角撥轉他的右臂彎內側，即可輕鬆地使來勁落空。

從這個小動作，可以分析出何處為主。如果左右手一齊用力反而不生效果。但如中指撥時餘指齊動，甚至肘部也動，也等於犯了雙重之病。但是，雖然這時的效果重在

左手中指，它和身體的旋轉方向、襠勁塌得如何，都須配合恰當。特別是眼法必須注視對方。此勢眼的方向與身的旋轉方向是相反的。如果隨身之左轉而眼光左移，便為丟勁而功敗垂成。

因此，我進一步認識雙重問題。雖然首先從手足上下配合來研究，仍離不開上下相隨的原則。眼法和尾骨長強穴的方向正確與否，更是關鍵之關鍵。如從內勁的力學關係來講，又是從重心的能否隨遇平衡而決定其勝負的。

按拳論「立如平準」「腰如車軸」的比喻，是完全合乎槓桿原理的。古人雖然還不可能懂得槓桿原理，他們提出太極拳的規律，卻是符合這個原理的。因為平準的立柱、車輪的橫軸都是支點，支點是不能移動的。

我早年學吳式拳，進退步時重心並不前後左右移動。陳式更是如此。不知從何時，何人變為重心移動。甚至有的書竟寫為「重心全部移於某腿」。從此有些人遂以為這才是虛實分明，不知虛實分明一語不但違反哲學道理，而且不合現實。對立統一的東西，哪能硬行把它分割而孤立起來。對其他套路由於我沒學過，沒有發言權。惟對陳式動作，我則堅持重心隨意平衡的原則。在教學時，必諄諄解說，嚴格要求。

能知道上面講的一些問題，是否便能懂勁了呢？我認為，這是懂勁的一種知識，真正懂勁還在於科學試驗的反覆實踐。

學拳的科學試驗方法，推手當然是其中之一。但是我認為這樣還不夠全面，而且試驗的對手和機會也是較難選擇和遇到的。最好的對手首先是明師，不過學者不可能每

天刢纏著老師不放。

　　其次便是良朋，同學中的良朋還比較多些，卻不可能都有一定的時間來共同研究。而且同學之間，往往互相尊重以保友誼，難以儘量發揮所學的心得。

　　最好的試驗對手應當是學有成績的學生。我們先從「著」法入手，一面講解每勢每一動作是什麼著法，應當怎麼做好形式方面的配合，同時試驗纏法怎麼運用，體驗纏絲勁的變化和效果。天長日久，不但學的人因學而明，教的人也由教而熟，教學相長，在不知不覺中便可循序漸進。我對陳式太極拳的知識，就是根據陳師教導的規律，又以學生為師，從科學試驗中點滴積累而來的。

　　懂勁後，愈練愈精，默識揣摩，漸至從心所欲。

　　這段教人學而有得後不可自滿，仍應加以精進。

　　「懂勁」從學而練，從練而試驗，一步一步地逐漸而懂得，也可以說是由外形的細心摹仿而過渡到內在實質的產生。學無止境，仍然從練中的熟以達到精的階段。什麼是「精」呢？細緻入微，一絲不亂，就是精的水準。精是怎樣得來呢？需要在練中默識揣摩。默識（這個「識」應念同「志」音，是記住的意思）是暗自記住。記什麼呢？就是記住在試驗中的成就和失誤，連同對方的動作變化加以揣摩思考，悟出一切適應的道理和方法，漸漸地又可以從心所欲地解決任何意外的新奇著法。

　　「從心所欲」是孔子講的，後面還有「不逾矩」三字。我們對陳式太極拳法，同樣是以靜制動，以不變應萬變，也就是以基本規律──纏絲勁是應付變化萬端的著法。

本是捨己從人，多誤捨近求遠。所謂差之毫釐，謬以千里。學者不可不詳辨焉。

這是結束語。它指出不但拳的著法運用要因敵來勢而要捨己從人，學習拳的理、法，也要拋掉個人的成見，而服從正確的指引，不可好奇務速而捨近求遠。一入歧途則差之毫釐，謬以千里，而成敗相反。末句要求學者在關鍵之處加以詳辨，以免自誤。

我們先研究文中提出的「近」「遠」是什麼。從拳的套路講，太極拳的理、法為近，其他套路為遠。從拳的來源來講，太極拳的動作根據於生活，則生活的動作形式為近，脫離生活規律的為遠。我更認為陳式太極的動作完全接近生活，連陳式基本規律也是生活所固有的，而且是須臾不能離的。因此，我經常以生活來體驗拳法，教學生也常舉生活動作為例。

大家都承認這樣解說易於領悟。研究太極理法而脫離生活，固然是捨近求遠；捨開太極拳的規律，而學其他套路如摔跤，甚至柔道之類，以求有助於推手功夫，更等於緣木求魚。思想方法上的毫釐之差，也能致千里之謬。所以王宗岳教學生詳辨者，是辨理、法之是非也。

（八）顧留馨注王宗岳《太極拳論》

顧留馨（1908—1990年）為著名太極拳研究家，上海市人。在太極拳研究、推廣上成效卓著。他廣泛研究太極理法，於陳式、楊式太極拳尤有造詣，出版有眾多書、文，如《簡化太極拳》《太極拳術》《太極拳研究》《陳式太極拳》《怎樣練習簡化太極拳》《炮錘》等。

本篇注解王宗岳《太極拳論》文章，刊登於1980年7月人民體育出版社出版的《體育科技》中。顧留馨先生認為，《太極拳論》實際上是概括性很強的總結推手經驗的論文，它所依據的理論是我國古代哲學樸素的陰陽學說，「一陰一陽之謂道」，以此作為太極拳的基本理論，就使太極

太極拳研究家顧留馨

拳在廣泛流傳中不至練成剛拳、硬拳，也不至練成柔拳、軟拳，而是大家公認的有柔有剛、剛柔相濟。這是《太極拳論》的主要貢獻。

該篇注釋哲理性強，視野開闊，對一些關鍵性概念進行了詳細解說，理法並舉。文中還對王宗岳其人進行了介紹。

太極者，無極而生，陰陽之母也。

所謂太極，古人「謂天地未分之前，元氣混而為一，即太初、太一也」（《易繫辭》）。這是我國古代的天體演化論，把太極形容為混沌初分後的陰陽兩氣，而混沌未分的狀態為「無極」狀態。也有人解釋「太極」是屋中最高處正樑的中心，意為最高、最中心的東西。

（太極圖）呈圓形，內含陰和陽兩個半弧形的類似魚

形的圖案。太極拳採用這個名稱，象徵著太極拳是圓轉的、弧形的、剛柔相濟的拳術。

「無極而生」，周敦頤（1017—1073年）所著《太極圖說》說：「無極而太極，太極動而生陽，動極而靜；靜而生陰，靜極復動。一動一靜，互為其根。分陰分陽，兩儀立焉。」

「陰陽一太極也，太極本無極也」。王宗岳說：「太極者，無極而生」，是根據《太極圖說》而立論的。

「陰陽之母也」意指陰陽兩氣包含在「太極」之中，所以說「太極」是「陰陽之母」。

動之則分，靜之則合。

古人認為太極是一個混圓體，包含陰陽兩氣，動時這個混圓體就起變化，分陰分陽，所以說太極生兩儀，亦即「動之則分」。靜時仍然是一個混圓體，陰陽變化雖然相對靜止，但陰陽的道理完全具備，所以叫做「靜之則合」。

上面五句話，講的是太極拳的理論，下面就根據這種理論來闡明太極拳推手的要領和方法。

太極拳大約創造於清初17世紀60年代，創造人是明末清初河南溫縣陳家溝人陳王廷，他寫的太極拳的原始理論《拳經總歌》有「縱放屈伸人莫知，諸靠纏繞我皆依」兩句話，王宗岳據此進行了發揮。

無過不及，隨曲就伸。

推手要根據客觀情況的變化來屈伸進退，要隨著對方

的動作而採取攻防動作，不可主觀，不可盲動，要隨對方的屈伸而屈伸，人屈我伸，人伸我屈，要和對方的動作密切不離。不要過與不及，要不頂不丟，對方進一寸，我退一寸，進一分，退一分，退的少了成為頂，退的多了成為丟。

「直來橫去，橫來直去」是武術各流派的共同經驗，太極拳推手還有形象上纏繞絞轉的「黏」「隨」特點，可練習皮膚觸覺和內體感覺，以利瞭解對方的動向、力點和快慢，做出判斷來克制對方，這比單憑目力來判斷對方動向的拳種，多了一種偵察能力「聽勁」。

人剛我柔謂之走，我順人背謂之黏。

推手時要放鬆，攻和防都如此，逐漸練出一股柔勁來，剛勁好像一根硬木頭，堅實，但變化少，柔勁好比鋼絲繩，變化多。俗語說「軟繩能捆硬柴」，但從理論上講，柔能克剛，剛也能克柔。

單純的柔是不夠用的，太極拳主張「柔中寓剛」「剛柔相濟」，黏與走都要以柔為主，柔久則剛在其中，人以剛來，我以剛去對抗，這是兩方相抗，不是「引進落空」「借力打人」的技巧，而應該「人剛我柔」地把對方力量引開，使之落空不得力。所以學太極拳推手一開始就要放鬆，心身都要放鬆。對方剛來，我總是柔應，使對方不得力，有力無處用，這叫作「走化」，目的是我走順勁，造成有利於我的形勢，使對方走背勁，造成不利於對力的形勢。當對方來勁被我走化形成背勁時，我即用黏勁加力於其身手，使之陷入更不利的地位，從而無力反擊。黏好像

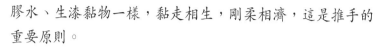

膠水、生漆黏物一樣，黏走相生，剛柔相濟，這是推手的
重要原則。

「黏」這個字，是三百餘年前俞大猷、戚繼光等提出
來的，武術書上最初見於明朝俞大猷的《劍經》，在他的
對打棍法（不是套路的對打）中有時用黏字，到清初，太
極拳推手就完全用黏勁，於是黏的用途日廣。練黏可使人
的反應變快，觸覺靈敏，所以能做到隨對方來勁黏走相
生，克敵制勝。

動急則急應，動緩則緩隨。

動作快慢要決定於對力動作的快慢，不能自作主張。
首先，手臂放鬆，觸覺靈敏，才能急應緩隨，處處合拍，
只有觸覺靈敏了，才能做到「彼微動，己先動」，才能制
人而不為人所制。

雖變化萬端，而理為一貫。

動作雖然千變萬化，而黏走相生、急應緩隨的道理是
一貫的。

由著熟而漸悟懂勁，由懂勁而階及神明。

這是太極拳推手功夫的三個階段，即著熟、懂勁、階
及神明。

1. 著熟

著是打法、拳法、拳勢。譬如看棋，中國武術各拳種
的套路，就是各個不同的「勢」聯貫組成的，每勢都有它
的主要攻防方法和變化方法，錯綜互用，這就稱作拳術、
拳法、拳套。不講技擊方法的套路，稱作體操、舞蹈、導

引或八段錦。有些拳種只講姿勢優美，實用性差，稱做花拳繡腿，是表演藝術性的武舞（講究實用性的稱做武藝）。練太極拳推手，首先是身法、手法、步法、眼法和每勢的著法（攻擊和防禦的方法），要練得正確、熟練，特別是練拳架，首先姿勢要正確，拳套要連貫熟練，並和呼吸配合好，然後在推手、散打中進行試用，捉摸每個著法用得上還是用不上，用上了，用勁對不對等。這是前人教太極拳的次序，即首先要懂得每勢的著法和變化，不可瞎練，漫無標準地畫圈。

2. 懂勁

著法練熟即可逐漸悟出用勁的黏隨、剛柔、虛實、輕重以及曲中求直、蓄而後發等道理。現在有些人學推手好談懂勁，但不研究著法，這是跳班、越級的方法。只追求勁，不講求著法，往往無從捉摸，不著邊際，因為「勁附著而行，勁貫著中」，著法如果不從實際出發，捨近就遠，勁也就隨著著法而失去應有的作用。懂勁以後，著法的使用才能巧妙省力。

著法和懂勁都要和呼吸自然結合，不屬拳法的動作不可能結合呼吸，例如兩個吸或兩個呼湊在一起的動作就不可能結合呼吸。懂勁功夫愈高，推手時威脅對方的力量也就越大，著法的使用也更能得機得勢。懂勁主要是從推手實踐中悟出來的，只練拳不練推手，對懂勁是談不上的，想像出來的懂勁，一接觸實際就不行。

3. 階及神明

「階及」意即逐步上升，亦即臺階、梯子須一步一步地爬上去。「神明」意即神妙高明，隨心所欲，形成條件

反射，熟能生巧。「由著熟而漸悟懂勁，由懂勁而階及神明」這句話，總的意思就是踢、打、跌、摔、拿等著法熟練後，逐漸悟出「勁貫著中」的技巧，掌握「勁」這個總鑰匙，不求用著而著法自然用得巧妙，最後達到「妙手無處不渾然」的程度。

然非用力之久，不能豁然貫通焉。

「用力」係指練功夫，不是指用力氣。全句意為：「不經過勤學苦練，就不能豁然貫通（忽然完全悟解）。」堅持練拳推手，鑽研拳理，會有好幾次「豁然貫通」，功夫是沒有止境的，青年時期、壯年時期和老年時期，各有一次或多次對拳理的「豁然貫通」，透過向有經驗的師友學習、交流和反覆研究拳理，功夫才能練到自己身上，對療病保健、增強體質才有幫助。

太極拳發展至今，主要的傳統套路有陳、楊、武、吳、孫等五式，陳式還有老架、新架和趙堡架三種，都是講究每勢的著法的，傳統套路都有這種講究著法、運氣的特點。懂得著法，拳套才容易練正確，不致練得千奇百怪，也才能和呼吸結合得好，「氣與力合」，療病健身的效果較高，又可節省練拳的時間。

虛領頂勁，氣沉丹田。

「虛領頂勁」意為頭頂要輕輕領起往上頂著，便於中樞神經安靜地提起精神來指揮動作。關於氣沉丹田，說法不一，這裏可能是指腹式深呼吸，吸時小腹內收，膈肌上升，胃部隆起，肺部自然擴張，呼時小腹外凸，膈肌下

降，胃部復原，胸廓自然平正。身心兼修，內外並練，著重在內壯，這也是被稱做「內功拳」的太極拳的一個特點。

「氣沉丹田」不可硬壓丹田，也不可一味「沉氣」，而要「氣宜鼓蕩」，並且練拳時的腹式呼吸只能用逆式，不能用順式。順式是吸氣時小腹外凸（氣沉丹田），呼氣時小腹內收，結合在拳套內就只能始終「氣沉丹田」，有降無升，所以一定要用逆式。

如果用順式腹式呼吸，對練拳推手都是無益的，因為攻的動作都要借地面反作用力，必須氣沉丹田，勁才能往前發，哪能有勁要往前發，而呼氣時小腹卻內收之理？逆式深呼吸是引進時吸氣，小腹內收，發勁時小腹外凸，氣沉丹田。內功拳種的形意、八卦、南拳、內家拳，都是用腹式逆呼吸的。

王宗岳高度概括了太極拳的理論（那時只有陳式太極拳一種，沒有流派），對呼吸運氣，只講了一句「氣沉丹田」。「虛領頂勁，氣沉丹田」基本上概括了太極拳對立身中正、鬆靜自然地運氣練拳和推手的要求。

不偏不倚，忽隱忽現。

「不偏不倚」是說身體姿勢不要歪斜而失去中正。不偏是指形體上、神態上都要自然中正，不倚是不丟不頂，不要依靠什麼來維持自己的平衡，而要中正安舒，獨立自主。

「忽隱忽現」是說行氣運勁要似有實無，忽輕忽重，虛實無定，變化多端，使對方難於適應，顧此失彼。

左重則左虛，右重則右杳。

承上文，既要做到「不偏不倚，忽隱忽現」，還要做到，對方從左方用力攻來，我左方虛而化之，虛而引之，不與頂抗，使來力落空；如對方從右方用力來攻，則我右方虛而化之，虛而引之，也不與頂抗，使來力落空。這就是不犯雙重之病。練到處處能虛而化之，虛而引之，就是棋高一著，從而使對方縛手縛腳。「虛」和「杳」都是不可捉摸的意思。

仰之則彌高，俯之則彌深，進之則愈長，退之則愈促。

「彌」字作「更加」解釋。我運用黏化畫弧的引進落空的方法，對方往上進攻，我高以引之，使有高不可攀、腳跟浮起、凌空失重的感覺；如對方往下進攻，我低以引之，使有如臨深淵、搖搖欲墜、愈陷愈深的感覺；若對方前進，我漸漸引進，使其摸不到我身上，有進之則愈長而不可及的感覺，經我黏逼進攻，對力越退越感覺不能走化。

這四種情況都是黏走相生，不丟不頂，我順人背，我得機得勢，彼不得機不得勢而出現的。

上述推手技巧只要認真實踐，人人都可有不同程度的進步。但這種推手技巧可說是無止境的，因之可說是一種活到老、學到老的健身防身的技術。

推手雙方功力相等，不容易發揮出這樣的技巧，如果差距大了（例如力量、耐力、速度、靈敏、技巧等相差大了），這種高級技巧就會顯示出來。

一羽不能加，蠅蟲不能落，人不知我，我獨知人。

這是形容觸覺、內體感覺的靈敏度極高，稍微觸及，便能感覺得到，立即走化。功夫練到技術高了，便能做到一根雞毛、一隻蒼蠅或一隻小蟲輕輕觸及人體任何部位，都能感覺得到並立即有行動對付，在推手時，便能做到他不知我，我能知他。

英雄所向無敵，蓋皆由此而及也。

這句說明王宗岳是唯我獨尊的。他生於二百多年前，那時，中國武術家認為近身搏鬥技巧在戰場上還能發揮決定性的作用。

斯技旁門甚多，雖勢有區別，概不外乎壯欺弱，慢讓快耳。

這種拳術技巧的門派是很多的，它們雖然姿勢動作不一樣，但不外乎是力大打力小，手腳快打手腳慢。

有力打無力，手慢讓手快，是皆先天自然之能，非關學力而有為也。

所謂有力打無力，大力勝小力，手快勝手慢，都是先天賦有的本能，不是學出來的。看來這兩段話，有宗派觀點，有形而上學的論點。說其他拳種是旁門，而自己是正門，是正宗，這確是宗派觀點。

力大勝力小，有力打無力，手快打手慢，是一種規律，但力量和速度也不是先天自然之能，也需要學習鍛鍊才能加大力量，加快速度。因此，「非關學力而有為也」

這句話是錯誤的。

太極拳從名字的含義來講是有柔有剛，有輕有重，有快有慢，既要練習「四兩撥千斤」，又要練習「混身合下力千斤」，所以單純強調一方面，就有片面性，就是知其一而不知其二了。

察四兩撥千斤之句，顯非力勝，觀耄耋能禦眾之形，快何能為。

察《打手歌》裏有「四兩撥千斤」一句話，顯然不是用大力來勝人，看到年紀耄（意為七八十歲）或耋（意為八九十歲）的人還能應付眾人的圍攻，取得勝利，可是老人體力比較差，動作比較遲鈍，還能禦眾取勝，說明快也不一定能取勝。

過去認為《打手歌》是王宗岳的作品，有人從拳論中「察四兩撥千斤」之句的察字來判斷《打手歌》是王宗岳以前人的作品，這是很對的。

後來核對了陳家溝原有的四句《打手歌》，才斷定現在六句的《打手歌》是經過王宗岳修訂的，這四句話是強調小力勝大力的技巧作用。

立如秤準，活似車輪，偏沉則隨，雙重則滯。

始終保持平衡，身法端正，要像秤準一樣，身手圓活似車輪旋轉，不但不受來力，還能把來力拋出去。無論來力多麼重大，要黏著走化，不要頂抗。如果黏著處放鬆走化不受力，這叫做「偏沉」，能做到偏沉，就能順隨，使對方有力也不得力，有力無處用。推手時要避免兩方相

抗，如果兩方相抗，不能夠「偏沉則隨」，動作就會滯鈍，結果還是力大者勝力小者。

每見數年純功不能運化者，率皆自為人制，雙重之病未悟耳。

常常見到勤練太極拳推手多年的人，不能很好領會懂勁和黏隨走化的道理，往往不能制人，反而被人所制，這都是用力頂抗，犯了雙重之病而不自覺所致。

王宗岳這段話是在二百年前講的。那時候太極拳不作為老弱病人練的拳，而是體格強壯者練的拳，他們不懂雙重之病，不能制人，大多為人所制。而現在練推手的大多是力量不大的人，基礎薄弱的人，加上不懂雙重之病，不懂著法，難怪有些練摔跤的人或練拳又硬又快的人說一般練太極拳的是豆腐架子。

欲避此病，須知陰陽，黏即是走，走即是黏，陰不離陽，陽不離陰，陰陽相濟，方為懂勁。

要避免這個「用力頂抗，不能走化」的毛病，就要懂得陰陽的變化，陰指柔、虛、輕、合、蓄勢、吸氣等，陽指剛、實、重、開、發勁、呼氣等。

黏逼中隨時可以走化，所以黏也是走，走化中隨時可以轉化為黏逼，所以走也是黏。有開有合，開中有合，合中有開，有虛有實，虛中有實，實中有虛，這樣虛實、剛柔、開合，變化靈活，才可以使對方顧此失彼，不知所措，應接不暇，處處被動。

陽剛不能離開陰柔，陰柔不能離開陽剛，有陰有陽，有虛有實，有柔有剛，陰陽相濟，虛實互變，柔剛錯綜，才算是懂勁。

懂勁後，愈練愈精，默識揣摩，漸至從心所欲。

懂勁以後，黏走相生，越練越細巧精密，一面實踐，一面多思考，常常默想捉摸其中道理，學思並用，就能逐漸做到從心所欲，身手更為輕靈，威脅力更大，搭手即能判斷對方力量的大小、長短、動向、快慢，依著何處即從何處反擊。

本是捨己從人，多誤捨近求遠，所謂差之毫釐，謬之千里，學者不可不詳辨焉，是為論。

推手本來是捨己從人的技巧，順應客觀規律，不自作主張，如果自作主張用固定的手法，逆客觀規律，必然會出現丟、頂、硬撞，不能引進落空，反而引進落實，造成失敗，這是多誤於捨近求遠。差之毫釐，結果是謬之千里。練拳、推手也是這樣，學的人要詳細辨別這個道理。

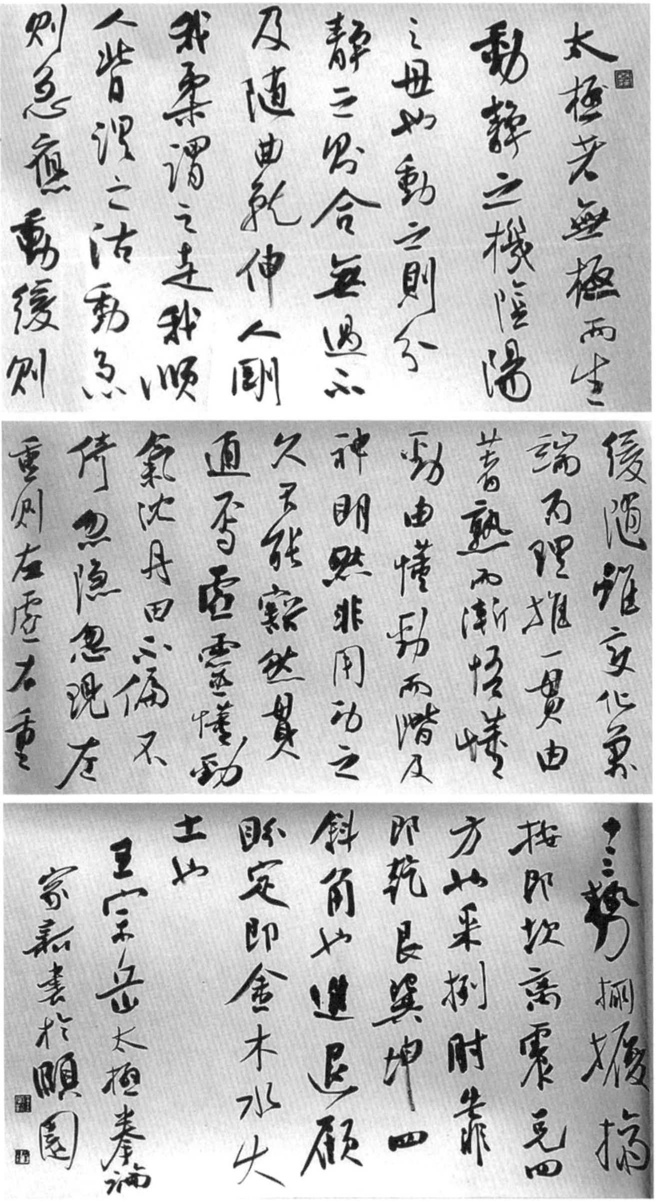

太極者，無極而生，動靜之機，陰陽之母也。動之則分，靜之則合，無過不及，隨曲就伸。人剛我柔謂之走，我順人背謂之黏。動急則急應，動緩則緩隨。雖變化萬端，而理唯一貫。由著熟而漸悟懂勁，由懂勁而階及神明。然非用功之久，不能豁然貫通焉。虛靈頂勁，氣沉丹田，不偏不倚，忽隱忽現。左重則左虛，右重則右杳⋯⋯十三勢，掤捋擠按、採挒肘靠，即坎離震兌四正方也；採挒肘靠，即乾坤巽艮四斜角也。進退顧盼定，即金木水火土也。

王宗岳太極拳論

家新書於頤園

著名書法家王家新先生書王宗岳《太極拳論》

拳 勢 圭 臬

──武禹襄《十三勢行功心解》心解

《十三勢行功心解》，又稱《十三勢行功要解》，為清代武禹襄所作太極拳論，是王宗岳《太極拳論》之外影響最大的傳統太極拳論。也有人認為此篇拳論為王宗岳或李仲等人所作，所以有的版本名為《王宗岳行功論》。在楊澄甫的《太極拳使用法》中，第一段被稱為「王宗岳原序」，第二段列為正文。

武禹襄像

武禹襄太極拳論，承繼了王宗岳《太極拳論》的總體綱要，但發展得更加細微。特別是對於心、意、氣的論述，更加深入和系統。《十三勢行功心解》雖然是武禹襄所作，但不僅是武式太極拳，對其他流派太極拳也有重要指導意義。楊式大家楊澄甫就親自對其進行了注釋。

十三勢，為太極拳主要招勢，可作為「太極拳」代稱。「行功心解」，主要論行拳用功之心法，而非具體動作之解說。王宗岳《太極拳論》中，相當多的篇幅論述太極推手技擊的有關問題，本篇則重點論述了行功走架。此

拳論字字珠璣，句句透徹到位。佳句、名言迭出，不愧為行拳圭臬，是學習太極拳的必讀篇章。

還有一篇名為《打手要言》的武禹襄拳論作品，其中很多文字與本論相同，有些說明意同詞不同。讀者也可一併研讀。顧留馨先生認為，《十三勢行功心解》是《打手要言》中的一部分，《打手要言》中其他部分則分別以《太極拳解》《十三勢說略》或《武禹襄的太極拳論》的名稱流傳。也有人認為，此拳論是經過了陳微明先生的改寫後收錄入書的。

【原文】

十三勢行功心解
武禹襄

以心行氣，務令沉著，乃能收斂入骨；以氣運身，務令順遂，乃能便利從心。精神能提得起，則無遲重之虞，所謂頭頂懸也；意氣須換得靈，乃有圓活之趣，所謂變轉虛實也。發勁須沉著鬆靜，專注一方；立身須中正安舒，支撐八面。行氣如九曲珠，無往不利（氣遍身軀之謂）；運動如百煉鋼，無堅不摧。形如搏兔之鶻，神如捕鼠之貓。靜如山岳，動如江河。蓄勁如開弓，發勁如放箭。曲中求直，蓄而後發。力由脊發，步隨身換。收即是放，斷而復連；往復須有折疊，進退須有轉換。極柔軟，然後極堅剛；能呼吸，然後能靈活。氣以直養而無害，勁以曲蓄而有餘。心為令，氣為旗，腰為纛。先求開展，後求緊

湊，乃可臻於縝密矣。又曰：彼不動，己不動；彼微動，
己先動。勁似鬆非鬆，將展未展；勁斷意不斷。又曰：先
在心，後在身。腹鬆淨，氣斂入骨。神舒體靜，刻刻在
心。切記一動無有不動，一靜無有不靜。牽動往來氣貼
背，而斂入脊骨。內固精神，外示安逸。邁步如貓行，運
勁如抽絲。全身意在精神不在氣，在氣則滯。有氣者無
力，無氣者純剛。氣若車輪，腰如車軸。

【心解】

　　以心行氣，務令沉著，乃能收斂入骨。

　　太極拳健身的根本在練氣，「氣充則血足，血足則體
強，體強則意堅，意堅則魄雄，魄雄可以延年益壽。」所
以本拳論開篇即論行氣法訣。

　　以心行氣，心平和才能氣沉著，練氣先練心。收斂入

以心行氣　吳文翰演示

骨後，氣形合一，形一動則有氣。

以氣運身，務令順遂，乃能便利從心。

氣遍全身，流暢無死角，否則淤氣，就不是順遂，氣
不順心也難平，就會心浮氣躁。

開篇兩句指明「心」「氣」「身」的相互關係，強調
了太極拳練習中「心」的主導地位。

精神能提得起，則無遲重之虞，所謂頂頭懸也。

頂頭懸對精神提起具有重要作用，精神提起則全身輕
鬆，拳練得才能輕靈。練拳中「精神提起」是一種很重要
的狀態。太極拳絕非軟綿綿的運動，而練拳要神意飽滿、
精神抖擻的。神不外溢，將頭頂虛虛領起，就會減少身體
的遲重，這種狀態要保持在練拳的始終。

太極拳要有圓活之趣
翟維傳演示

意氣須換得靈，乃有圓活之趣，所謂變轉虛實也。

太極拳是「圓」的運動，圓活不僅僅指形體動作，更是指意氣轉換。虛實的變化，也包括意氣的虛實。

發勁須沉著鬆靜，專注一方；立身須中正安舒，支撐八面。

發勁不可暴烈，沉著鬆靜勁力才完整。又一次強調「沉著」，行氣要「沉著」，發勁也要沉著，沉著才能鬆，鬆靜了才能使身體節節貫穿，有效地完成勁力的整合與傳導。「專注「才能整，「專注一方」就是全身勁力要完整一氣集中向一個方向，就是力的作用點要明確、專一，勁不能散。立身中正要有神，支撐八面就是不僅中軸要正，四肢百骸都要有內氣鼓蕩，這樣才能支撐八面。

立身中正，支撐八面
陳小旺演示

行氣如九曲珠，無往不利（氣遍身軀之謂）。

在周身行氣時要連貫、活潑。「九曲珠」為形象比喻氣的暢行，沒有阻塞。「無往不利」有的版本作「無微不到」，都是說明氣要流暢地到達身體每個梢節部位。

有的拳家認為，「九曲珠」是比喻人的手、腕、肘、肩、踝、膝、胯、腰、足等身體的九大關節部位。

練太極拳要透過柔緩舒靜的動作，以神意導引，將氣細微地運行在全身各處，使人體成為一個充滿生機的動態系統。太極拳外靜內動含義就在於此。

運動如百煉鋼，無堅不摧。

百煉鋼化為繞指柔。其特性一為堅韌，不易折斷；二為剛強，威力巨大；三為柔化，可變化塑形。如此，則可達到無堅不摧的功夫。

形如搏兔之鶻，神如捕鼠之貓。

神態靈動，不拘謹，不軟弱，不刻板。太極拳是生動活潑的拳，動態中極具速度與敏感性。鶻，為兇猛的飛禽。成語中有「兔起鶻落」，兔子剛剛躍起，鶻鳥就迅猛撲下，刻不容髮，比喻速度之快。本句從形、神兩個方面來形容太極拳技擊中的待機出動狀態。有的拳家要求突出技擊訓練時的套路練習中也要保持這種狀態，此乃練神之法。太極拳訓練雖慢，但不懈怠。

靜如山岳，動如江河。

動靜是一對陰陽矛盾，處理好這對矛盾是練好太極拳

的必要條件。可從三方面來
理解此句：

其一，太極拳外形動作
柔和緩慢，為靜；內氣活潑
運轉，為動。即外形靜、穩
如山岳，內氣周流如江河。

其二，太極拳練拳架時
為靜，柔定如山嶽；技擊使
用時為動，迅捷如江河怒
濤。

其三，太極拳套路練習

靜如山岳，動如江河
王二平演示

中有動有靜，動靜結合。不管外形如何動作，精神狀態始
終是靜定如山岳，蓄勁時為靜，沉雄如山岳，發勁時為
動，浩蕩如江河。

蓄勁如開弓，發勁如放箭。

蓄、發為一個循環。蓄勁要充分，如拉滿弓，但引而
不發。發勁要爽脆，如脫弓
之箭。

曲中求直，蓄而後發。
能曲才能直，且永不僵
直。能蓄才能發。太極拳練
好蓄勁是基礎，會發是徒
弟，會蓄是師父。

曲中求直，蓄而後發　田秋信演示

力由脊發，步隨身換。

發勁不能是四肢的運動。「脊」為中，力發於中，才能協調全身，形成整勁。這裏對「脊」的理解不能狹隘地理解為「脊柱」。

身法、步法要一致，身體轉換同時步法要跟上。「隨」字道出身法變換是目的，步法變換為手段。

收即是放，斷而復連。

收、放是一體的，收中有放，放中也有收，看似斷，實相連。攻防有度，進退有據，收放自如。

往復須有折疊，進退須有轉換。

陰陽的交替變化即為「折疊」，並非簡單的肢體折疊，包括虛實的變化、剛柔的變化，手足等形體的變化等。太極拳家姚馥春、姜容樵在《太極拳講義》中對折疊進行過解釋：「折疊者，即變化橫豎也。其往來之橫豎，虛實不定，要有知覺，進前退後，必須變換隨機，進退轉換，亦要奇正相生。進亦是退，雖退亦仍能中敵也。」陳微明解釋道：「折疊者，亦變虛實也。其

太極拳折疊往復，進退轉換
馮志強演示

所變之虛實，最為細微。太極接勁，往往用折疊，外面看似未動，而其內已有折疊。進退必交換步法，雖退仍是進也。」楊守中也對折疊進行了注解：「手法含折疊，即往復所變之虛實，外看雖似未動，其中已有折疊。步法有轉換，進退必須變換步法，是退仍是進。」可見太極拳幾乎每一勢中均包含折疊變化。

同樣，每一勢也都有進退的轉換，進退轉換就是虛實的轉換，無論是步法的前進、後退，還是重心的變化，實質上都是虛實變化。

極柔軟，然後極堅剛。

此乃道家理論精髓在太極拳上的具體應用。老子云：「柔弱勝剛強，大者宜為下。」練拳時，先練柔軟，自然變剛強。技擊中，先把自己處於被動地位，然後謀求主動才能實現真正的主動。「兵強則滅，木強則折。強大處下，柔弱處上。」

太極拳中真正懂得柔軟的作用才能強大，懂得完全放鬆，才能練成完整的勁力，在內強身，在外禦敵。拳論曰「剛中之柔為真柔，柔中之剛為真剛」。

能呼吸，然後能靈活。

能呼吸，乃會呼吸，懂得在行拳中如何呼吸。呼吸不暢，就會造成運動以及內氣的憋滯。太極拳中能將呼吸與拳勢融為一體，乃至覺察不到呼吸，就是「無呼吸」的狀態，為呼吸之上法。

氣以直養而無害，勁以曲蓄而有餘。

養氣是太極拳的基本功效。「氣宜養不宜耗」，一些人不懂這個道理，練了多年太極，結果損傷身體。養氣乃「蓄水養魚」，只用不養，一定會「竭澤而亡」。「直養」，指正確的養氣方法。「無害」，就是方法對了就不會使氣受到損害。如何養法？最關鍵的是「神不外溢、氣不外散」。

養氣為太極之本
楊禹廷演示

心為令，氣為旗，腰為纛。

此句論心、氣、形之間的關係。心為令，即為主宰之意，號令全身。氣為旗，氣隨心令而行，即意到氣到。「纛」為古代軍中的大旗，代指軍隊。太極拳運動以腰為軸，此處腰代指運動的形體，聽命於心的指揮。

這三者的關係是，心發出指令，為指令載體，傳遞到形體，形體以腰為軸進行運動。實際上，在具體練習上，是三位一體同時進行的。

先求開展，後求緊湊，乃可臻於縝密矣。

「開展」相對易練，所以先求開展，但注意開展不能散。再求「緊湊」，緊湊中要見開展，緊湊中見宏大，動作小，氣魄大。練太極拳，肢體的弧形運動形成各種圈，開

始時，圈為大，隨著練功深入，圈越來越小，乃至無圈，這就是一個由「開展」到「緊湊」的過程。在「開展」和「緊湊」的感覺中自由地適應，就是「縝密」的境界了。

又曰：彼不動，己不動。彼微動，己先動。

捨己從人之意。不動之目的在於實現先動，技擊之道，最終還是要先於對方實施打擊，取得主動。不動只是手段，不動為靜，靜中生慧，提前感知對方變化，不僅是感知起動的結果，更要提前感知其動的態勢，更高級則提前感知其動的意念，所謂料敵在先，先敵而動。

勁似鬆非鬆，將展未展；勁斷意不斷。

此乃臨敵對陣時勁的狀態。鬆中有緊，曲中有直，似斷不斷。勁有轉換，所以可「斷」，勁的未發狀態也可理解為「斷」。由於意不

太極拳勁意不斷　齊一演示

斷，所以勁並非真斷，而是一種放鬆蓄勢狀態。有的版本作「動斷意不斷」，可見斷指外形動作。

又曰：先在心，後在身。

此句有兩個含義：一，太極拳的動作是心意引導下的形體運動；二，太極拳是身心合一的鍛鍊方式。

腹鬆靜，氣斂入骨。
神舒體靜，刻刻在心。

腹鬆靜是太極拳的一個重要要領，很多人沒有做到。一些太極拳論上講究「氣沉丹田」，有的練習者沒有正確理解其含義，就用很重的意念，甚至用勁向腹部沉氣，這樣就做不到「腹鬆靜」，造成氣淤在腹部。腹不能鬆靜，就不可能做到「以氣

腹部鬆靜，神舒體靜
馮志強演示

運身」。《十三勢歌》中也強調「腹內鬆靜氣騰然」，有人認為腹部為氣機觸發、升騰的關鍵部位。有的太極拳套路練習中要求「鼓蕩丹田」就是達到「氣騰然」的作用，為內功鍛鍊的重要方法。

此句中的「氣斂入骨」有的版本作「氣斂入股」，就是鬆腹部，使氣向下運行，遍佈下肢各處。

神舒體靜是行拳過程中的一個總體要求，隨時要落實貫徹。

切記一動無有不動，一靜無有不靜。

太極拳是整體性運動，全身協調一致，不能出現局部

的脫節運動，一處動，處處皆動，還不能是亂動，而是有序的一起動。鬆靜也是一樣，處處都保持鬆靜狀態，如果有一處不靜，則全身就散亂，更重要的是，體靜，神也靜，此乃「無有不靜」。

牽動往來氣貼背，而斂入脊骨。

「氣貼背」是一種自然的結果，做到中正安舒，虛領頂勁，含胸拔背，自然產生「氣貼背」的效果。在練太極拳過程中，氣運全身是所謂「大周天」的運行方式，氣行前胸、後背為「小周天」運行方式，也有「氣貼背」效果。

此句再次強調氣斂入骨，具體為斂入脊骨。「斂入骨」為氣作用之深。其實，不僅是斂入骨，還應斂入臟腑，斂入血肉各部分，溫養全身。

內固精神，外示安逸。

內固精神，外示安逸
李經梧演示

這是太極拳一種理想狀態的寫照。達到此境界，乃拳學與性情修養的結合，拳品與人品的合二為一。此句核心在於「涵養」身心。

邁步如貓行，運勁如抽絲。

以貓行比喻步法之輕柔、乾淨俐落。「抽絲」比喻連綿不斷，不竭不窮，且相依相連。

全身意在精神不在氣，在氣則滯，在神則活。

用意之法，以神為上。神領氣，「在氣」為捨本逐末，氣是在神意引領，在動作導引下

運勁如抽絲　陳正雷演示

自然運行的，如果強行、過分將注意力放在氣上，就容易導致氣的滯塞。以神意修煉為根本，就可總領全局，活潑具有生機。

有氣者無力，無氣者純剛。

這是太極拳理論界爭議最大、理解差異也最大的兩句。關鍵在於對「有氣」「純剛」兩詞義的理解上。太極拳倡導練氣，為何又說「有氣者無力」？太極拳講究剛柔相濟，為何又言「純剛」。是提倡「無力」，還是提倡「無氣」？長期以來，莫衷一是。

一種說法認為，前面所說的「氣」，為內氣，是武禹襄一貫提倡的修煉之氣，此句之「氣」為呼吸之氣，練拳

到高級階段，無呼吸的遲重濁氣，一切自然，如果再去關注呼吸，則勁力會受影響，變慢、變軟。此句之「純剛」，指完全在神意引領下的勁力，純淨而威力巨大。

　　此句與上一句相承接，太極拳尚精神，不尚氣力。所練之內氣也是運布全身，不可局部追求。

　　氣若車輪，腰如車軸。

　　「氣若車輪」指內氣的圓轉周流不息，滲透全身。「腰如車軸」即身體的轉動以腰為軸，圓活運行。以腰帶身，以氣運身，形氣一體。

　　腰為身體的主宰，諸多變化自腰始，練習太極拳要細緻感受每一勢子腰部的各種變化，如方向、勁力等。

　　本拳論中，涉及了太極拳的眾多概念、練拳要領、指導思想、練功模式

以腰為軸，氣運全身
楊振鐸演示

等，在動靜、剛柔、虛實、神意、氣形等方面都提出了獨到見解，其中的每句論斷都成為了後世拳家推崇的名言。

　　另有一首託名王宗岳所作的《十三勢行功歌》，其中許多內容意思與《十三勢行功心解》相近，特錄於此，可對照印證研讀。

十三勢行功歌

十三總勢莫輕視，命意源頭在腰隙。
變轉虛實須留意，氣遍身軀不稍滯。
靜中觸動動猶靜，因敵變化示神奇。
勢勢存心揆用意，得來不覺費工夫。
刻刻留心在腰間，腹內鬆淨氣騰然。
尾閭中正神貫頂，滿身輕利頭頂懸。
仔細留心向推求，屈身開合聽自由。
入門引路須口授，功夫無息法自修。
若言體用何為準，意氣君來骨肉臣。
詳推用意終何在，益壽延年不老春。
歌兮歌兮百四十，字字真切義無遺。
若不向此推求去，枉費功夫貽歎息。

【十三勢行功心解名家註解】

《十三勢行功心解》註釋

楊澄甫

　　此篇署名楊澄甫注釋，但在楊澄甫主要著作中未見收錄，而在《太極拳使用法》一書中有對部分同樣拳論的注解內容，但注解文字不同，精義類似。有人認為此篇注解為託名楊澄甫所作。但注釋立論精到，故收錄於此。

　　以心行氣，務令沉著，乃能收斂入骨。

　　【註】心為精神意氣之總稱，乃指走架時一拳一動以精神為主動，驅使其氣，即每一開合之中，開時必須意氣達於手指，合時必須意氣通於脊背，而後之足跟。在如斯線路中，將全身之筋伸直行之，則自然沉著而有纏勁，其氣就自然而收斂入骨髓矣。

　　以氣運身，務令順遂，乃能便利從心。

　　【註】用功既久，氣能隨意而運動，則身之運動，為意之運行，其根乃在心（精神意氣），因以心行其氣也，所有屈伸起落，務須曲線緩和，毋使身手內發生棱角之病，是之

為順遂，如此則身可從氣，而氣可從心矣。

精神能提得起，則無遲重之虞，所謂頂頭懸也。

【註】使目平視，兩頭略拔，則謂虛靈頂勁，精神自然而連帶提起矣，亦即頭頂上有掤勁之謂也。

頭頂上有掤勁，則可減去身之重量，其轉動自然輕靈，而無遲重之虞矣。

意氣須換得靈，乃有圓活之趣，所謂變轉虛實也。

【註】每一動作，其身手均有主賓之，如能隨機換意互為主賓，意之所至氣即隨之，是之謂靈。意左則左為實，意右則右為實，能如意而倒換之，意氣不滯住某一點，是為活，內中順遂，是之謂圓，能保順遂以倒換，亦即虛實之變化也。

立身須中正安舒，支撐八面。

【註】頭頂懸起為調整身之中正法，中正者，必須不偏不倚，不俯不仰，如有偏傾，只能支撐他之一方有掤勁，失去其餘之七方矣，故氣向下沉，則意不浮躁，而身體安定舒展，自然中正不偏，能得中正何方來何方即可支撐之。故無論如何變化之動作，而身體均須中正內行之也。

發勁須沉著鬆靜，專注一方。

【註】此言凡發勁時，其身平均須在掤勁中沉著行之，尤須不準發絲毫努責作用，如無努責為之「鬆」，體會空洞謂之「淨」，如斯鬆淨沉著之勁，而具彈性，方有發之可能也。

發時雙手本係相對而相異，以求保持身體之平衡。然雙手雖由相對相異之方向而發，然發時之雙手仍應有虛實之分，須一手為主，一手為賓，即一手輕一手重之謂也。

行氣如九曲珠，無微不到。

【註】人身之九曲，如拳節、腕節、腰節、胯節、脛節是也，行氣如九曲節者，乃所有之關節均須順遂圓滑如珠，行氣九節之中，即所謂節節貫串之功也，決無微米棱角致不便之處，是為至要也。

運勁如百煉鋼，無堅不摧。

【註】百煉之鋼，成繞指之柔鋼。「柔」非棉花之柔，可以之柔中帶剛，外柔而內剛也。內剛柔由掤勁而產生，掤勁生於練直之氣功。凡人運動能練到百煉之鋼如繞指柔時，則身內之堅塊不化之處，莫不摧去無遺矣。

形如捕兔之鵠，神如捕鼠之貓。

【註】運動時其形狀如高空捕兔的鵠，盤旋無定，此指精神之活潑，且活潑之中而有集注，並蓄勢待發，有似伏地捕鼠之貓，運機即發之精神也。

靜如山岳，動如江河。

【註】靜如山岳，言其形沉著不浮，一靜無有不靜，如山岳屹立，所謂神宜內斂是也。動如江河，言其動作之波動不停起伏相間，如江河之滔滔不絕，所謂意氣宜鼓蕩也。

蓄勁如張弓，發勁如放箭。

【註】曲中求直者，乃求直其性，非伸直手足之謂也。蓄而後發者，乃發由蓄生，有蓄而後有發，蓄得足而發得脆也。

力由脊發，步隨身換。

【註】含胸拔背，以成蓄勁之勢，脫扣發勁，先沉其肩，勁則方可由脊背發出。此勁乃中正之勁，且為全身之勁也。步隨身轉則為功，身隨步轉則為病。凡運動之身有移動，步亦隨之，而移動為左顧右盼之步，不然成為外擺襠之步。

收即是放，放即是收，斷而復連，連而復斷。

【註】收，為放收；放，為收放。兩者互為表裏，如環之無端，此運動滔滔不絕之功也。蓄發勁，其發出之勁反斷，則勁方可越出身外。所謂後連者乃係按勁，即折疊之功用，先求能己之斷勁，而後可以連接他人之勁也。

往復須有折疊，進退須有轉換。

【註】運動至終點時，若再按之，非往即復，其往復中間必折，而往疊之，而復所謂意上寓下之謂也。進退之有轉換，乃足之折疊，故折疊在步轉換。在步轉換者，顧盼之步，即所謂步之進退須先顧盼二步，為折疊而後再進退。

極柔軟，然後極堅剛，能呼吸，然後能靈活。

【註】外愈柔而內愈剛者，因內有掤勁之故也。有掤勁外而極柔軟，則裏面極剛矣。有如彈簧乃最柔之物，然其質剛為最堅剛也。

呼吸急促則意志不清，必之氣滯矣。若呼吸深長，謂之能呼吸，則心神安寧，而轉換折迭自然靈活矣。

氣以直養而無害，勁以曲蓄而有餘。

【註】養氣須直養，筋直則靈活鬆淨而易貫串，若曲壓則滯住而動，致成努責，易病害矣。

勁須曲蓄，則彈性足，蓄之無餘，太過為偏，是有缺陷之曲蓄，所以謂之病矣。

心為令，氣為旗，腰為纛，脊為旂。

【註】心為主帥以發令，氣為傳旗如聽命，而後行腰為大纛，巍然挺立不偏，無昧可倒。腰以下至尾閭，脊如旗旂，收以拔骨，使脊骨有偏長之能也。

先求開展，後求緊湊，乃可臻於縝密矣。

【註】初步練習時，須大開大展，須全身鬆開氣達梢。功夫愈進，則求緊湊，其大圈漸進於小圈，由外顯之圈，成為內隱之圈，是可成為縝密無向之運動，方會放之則進，捲之則退，藏於縝密之義也。

先在心，後在身，腹鬆淨，氣斂入骨，神舒體靜，刻刻在心。

【註】凡走架子以心意為本，身體為末，即以心行氣，以氣運身之謂也。身體鬆開，而腹腰存想為空洞無物，則一切方可由腰脊而動，即不亂動是之謂靜也。此運動時不二選擇，應時時刻刻銘於心也。

一動無有不動，一靜無有不靜。牽動往來氣貼背，而斂入脊骨。

【註】即以背為中心，乃運用離心力本也，如覺每一動作，背上之反應會繃緊，則失去此義也。統能以此行之，為養氣斂入骨髓之法也。

內固精神，外示安逸。邁步如貓行，運勁如抽絲。

【註】內固精神，則神注易得內剛之功。外示安逸，

則神怡易得外在之效。邁步如貓行，乃指所有邁步須如捕鼠時的貓下伏鏟地而邁步也。

運勁如抽絲之旋轉，如來福線之螺轉也。掤出為順抽絲，採入為逆抽絲，有如公母二螺絲也。

全身意在精神不在氣，在氣則滯，在神則活。

註：雖然以心行氣在意不在氣，若注意在氣，則意為氣所擊而生滯也，蓋神速而氣慢。欲練氣合神，必須意而神不在氣之本身，然後神能導引其氣變為神，則氣隨之功可得矣。

有氣者無力，無氣者純剛。氣如車輪，腰如車軸。

註：有氣者無力，無氣者能柔，有力者無氣，無氣者純剛，故專柔專剛均屬非太極拳，必須剛柔相濟。若力氣隱於內，則柔於外，則剛欲求柔於外而剛於內，是之為勁。故須去力以求勁得後乃活氣，方可得氣之用，使生彈性。欲得氣活，須氣貫串遍於身軀，如輪之旋轉之不休。欲得輪之旋轉，須有輪之中心有軸，故有左右上下旋轉均以腰脊為主宰也。

陳微明註《十三勢行功心解》

陳微明此篇註解收錄在他所著的《太極拳術》一書「太極拳論註」一章中。

以心行氣，務令沉著，乃能收斂入骨；以氣運身，務令順遂，乃能便利從心。

以心行氣者，所謂意到氣亦到，意要沉著，則氣可收斂入骨，並非格外運氣也。氣收斂入骨，工夫既久，則骨日沉重，內勁長矣。以氣運身者，所謂氣動身亦動，氣要順遂，則身能便利從心，故變動往來，無不從心所欲，毫無阻滯之處矣。

精神能提得起，則無遲重之虞，所謂頭頂懸也。

有虛靈頂勁，則精神自然提得起；精神提起，則身體自然輕靈。觀此，可知捨精神而用拙力者，身體必為力所驅使，不能轉動如意矣。

意氣須換得靈，乃有圓活之趣，所謂變轉虛實也。

與敵想黏，須隨機換意，仍不外虛實分得清楚，則自然有圓活之妙。

發勁須沉著鬆淨，專注一方。

發勁之時，必須全身鬆淨。不鬆淨則不能沉著，沉著

鬆靜，自然能放得遠。專注一方者，隨彼動之方向而直去也。隨敵之勢，如欲打高，眼神上望；如欲打低，眼神下望；如欲打遠，眼神遠望。神至則氣到，全不在用力也。

立身須中正安舒，支撐八面。

頂頭懸，則自然中正；鬆靜，則自然安舒；穩如泰山，則自然能支撐八面。

行氣如九曲珠，無微不到。

九曲珠，言其圓活也。四肢百體，無處不有圓珠，無處不是太極圈子，故力未有不能化也。

運勁如百煉鋼，無堅不摧。

太極雖不用力，而起增長內勁，可無窮盡。其勁如百煉之鋼，無堅不摧。

形如搏兔之鶻，神如捕鼠之貓。

搏兔之鶻，盤旋不定；捕鼠之貓，待機而動。

靜如山岳，動若江河。

靜如山岳，言其沉重不浮；動如江河，言其周流不息。

蓄勁如張弓，發勁如放箭。

蓄勁如張弓，以言其滿；發勁如放箭，以言其速。

曲中求直，蓄而後發。

曲是化人之勁，勁已化去，必向彼身求一直線，勁可

發矣。

力由脊發,步隨身換。

含胸拔背,以蓄其勢。發勁之時,力由脊背而出,非徒兩手之勁也。身動步隨,轉換無定。

收即是放,放即是收,斷而復連。

黏、化、打雖是三意,而不能分開。收即黏化,放是打,放人之時,勁似稍斷,而意仍不斷。

往復須有折疊,進退須有轉換。

折疊者,亦變虛實也,其所變之虛實,最為微細。太極截勁,往往用折疊,外面看似未動,而其內已有折疊。進退必變換步法,雖退仍是進也。

極柔軟,然後極堅剛;能呼吸,然後能靈活。

老子曰:「天下之至柔,馳騁天下之至堅。」其至柔者,乃至剛也。吸為提為收,呼為沉為放,此呼吸乃先天之呼吸,與後天之呼吸相反,故能提得人起,放得人出。

氣以直養而無害,勁以曲蓄而有餘。

孟子曰:「吾善養吾浩然之氣。」至大至剛,以直養而無害,則塞乎天地之間。太極拳蓋養先天之氣,非運後天之氣也。

運氣之功,流弊甚大。養氣則順乎自然,日習之養之而不覺,數十年後,積虛成實,至大至剛。至用之時,則

曲蓄其勁，以待發既發則沛然莫之能禦也。

心為令，氣為旗，腰為纛。

心為主帥以發令，氣則為表示其令之旗，以腰為纛，則旗中正不偏，無致敗之道也。

先求開展，後求緊湊，乃可臻於縝密矣。

無論練架子及推手，皆須先求開展，開展則腰腿皆動，無微不到。至功夫純熟，再求緊湊，由大圈而歸於小圈，由小圈而歸於無圈，所謂放之則彌六合，捲之則退藏於密也。

又曰：先在心，後在身，腹鬆淨，氣斂入骨，神舒體靜，刻刻在心。

太極以心意為本，身體為末，所謂意氣君來骨肉臣也。腹鬆淨，不存絲毫後天之拙力，則氣自斂入骨，氣斂入骨，其剛可知，神要安舒，體要靜逸，能安舒靜逸，則應變整暇，決不慌亂。

切記一動無有不動，一靜無有不靜。

內外相合，上下相連，故能如此。

牽動往來氣貼背，而斂入脊骨，內固精神，外示安逸。

此言與人比手之時，牽動往來，須含胸拔背，使氣貼之於背，斂於脊骨，以待機會，機至則發，能氣貼於背，

斂於脊骨，則能力由脊發，不然，仍手足之勁耳。神固體逸，則不散亂。

邁步如貓行，運勁如抽絲。

此仍形容綿綿不斷，待機而發之意。

全身意在精神不在氣，在氣則滯。有氣者無力，無氣者純剛。

太極純以神行，不尚氣力，此氣言後天之氣力也。蓋養氣之氣，為先天之氣；運氣之氣，為後天之氣。後天之氣有盡，先天之氣無窮。

氣若車輪，腰如車軸。

氣為旗，腰為纛，此言其靜也。氣如車輪，腰似車軸，此言其動也。腰為一身之樞紐，腰動則先天之氣如車輪之旋轉，所謂氣遍身軀不稍滯也。

悟 真 會 元

──陳長興《太極拳十大要論》心解

陳長興畫像

陳長興（1771—1853年），河南溫縣陳家溝人。是陳式太極拳發展歷程中一位十分關鍵的人物，可以說，太極拳的發揚光大，廣傳天下自他開始。他首次打破藩籬，把太極拳從陳家溝向外傳播，傳給了外姓弟子楊露禪，從而促生了楊式太極拳以及其他幾大流派太極拳的問世。

陳長興繼承祖先功夫，在陳式太極拳套路修訂、拳學架構的系統化等方面也做出了重要貢獻。他練拳立身中正，氣宇軒昂，人稱「牌位先生」。

《太極拳十大要論》為署名陳長興的代表性著作，從十個方面系統闡述太極拳的理法功技，為太極拳傳真要文。本文最早見於民國時期太極拳典籍中，因其中許多文字與結構與流傳武林的武術拳論《九要論》相同或相近，有研究者認為《太極拳十大要論》可能並非陳長興所著，而是後人託名所作。但無論如何，其中精闢的論析對太極拳研練有著重要的指導作用。

【原文】

（一）理

夫物散必有統，分必有合，天地間四面八方，紛紛者各有所屬，千頭萬緒，攘攘者自有其源。蓋一本可散為萬殊，而萬殊咸歸於一本，拳術之學亦不外此公例。夫太極拳者，千變萬化，無往非勁，勢雖不侔，而勁歸於一；夫所謂一者，自頂至足，內有臟腑筋骨，外有肌膚皮肉，四肢百骸相聯而為一也。破之而不開，撞之而不散，上欲動而下自隨之，下欲動而上自領之，上下動而中部應之，中部動而上下和之。內外相連，前後相需，所謂一以貫之者，其斯之謂歟，而要非勉強以致之，襲焉而為之也。當時而動，如龍如虎，出乎爾而，急如電閃。當時而靜，寂然湛然，居其所而穩如山岳。靜無不靜，表裏上下全無參差牽掛之意。動無不動，前後左右均無猶豫抽扯之形，洵乎若水之就下，沛然莫能禦之也。若火機之內攻，發之而不及掩耳。不假思索，不煩擬議，誠不期然而已然。蓋勁以積日而有益，功以久練而後戰。觀聖門一貫之學，必俟多聞強識，格物致知，方能有功。是知事無難易，功惟自進，不可躐等，不可急就，按步就序，循序漸進，夫而後百骸筋節，自相貫通，上下表裏不難聯絡，庶乎散者統之，分者合之，四肢百骸總歸於一氣矣。

（二）氣

天地間未有一往而不返者，亦未常有直而無曲者矣；蓋物有對待，勢有回還，古今不易之理也。常有世之論捶者，而兼論氣者矣。夫主於一何分為二；報謂二者即呼吸

也，呼吸即陰陽也。捶不能無動靜，氣不能無呼吸，呼則
為陽，吸則為陰，上升為陽，下降為陰，陽氣上升而為
陽，陽氣下行而為陰，陰氣上升即為陽，陰氣下降仍為
陰，此陰陽之所以分也。何為清濁，升而上者為清，降而
下者為濁。清者為陽，濁者為陰，然分而言之為陰陽，渾
而言之統為氣。氣不能無陰陽，即所謂人不能無動靜，鼻
不能無呼吸，口不能無出入，而所以為對待回還之理也。
然則氣分為二，而貫於一，有志於是途者，其勿以是為拘
拘焉耳。

（三）三節

　　夫氣本諸身，而身節中甚繁，若逐節論之，則又遠乎
拳術之宗旨，惟分為三節而論，可為得其截法。三節上、
中、下或根、中、梢也。以一身言之：頭為上節，胸為中
節，腿為下節。以頭面言之：額為上節，鼻為中節，口為
下節。以中身言之：胸為上節，腹為中節，丹田為下節。
以腿言之：胯為根節，膝為中節，足為梢節。以臂言之：
膊為根節，肘為中節，手為梢節。以手言之：腕為根節，
掌為中節，指為梢節。觀於此，而足不必論矣。

　　然則自頂至足，莫不各有三節也；要之，既莫非三節
之所，既莫非著意之處。蓋上節不明，無依無宗，中節不
明，滿腔是空，下節不明，顛覆必生。由此觀之，身三節
部，豈可忽也？

　　至於氣之發動，要從梢節起、中節隨、根節催之而
已。此固分而言之，若合而言之，則上自頭頂，下至足
底，四肢百骸，總為一節，夫何為三節有哉！又何三節之
中各有三節云乎哉！

（四）四梢

試於論身之外，而進論四梢。夫四梢者，身之餘緒也。言身者初不及此，言氣者亦所罕聞，然捶以由內而發外，氣本諸身而髮梢，氣之為用，不本諸身，則虛而不實。不行於梢，則實而仍虛，梢亦可弗講乎！若手指足特論身之梢耳？而未及梢之梢也。四梢惟何，發其一也，夫髮之所繫，不列於五行，無關於四體，是無足論矣。然髮為血之梢，血為氣之海，縱不本諸髮而論氣，要不可離乎血以生氣，不離乎血，即不得不兼乎髮，髮欲沖冠，血梢足矣。抑舌為肉之梢，而肉為氣之囊。氣不能行諸肉之梢，即氣無以充其氣之量，故必舌欲催齒，而肉梢足矣。至於骨梢者，齒也，筋梢者，指甲也。氣生於骨而聯於筋，不及乎齒，即不及乎骨之梢，不及乎指甲，即不及乎筋之梢，而欲足爾者，要非齒欲斷筋，甲欲透骨不能也。果能如此，則四梢足矣。四梢足，而氣自足，豈復有虛而不實、實而仍虛之弊乎！

（五）五臟

夫捶以言勢，勢以言氣。人得五臟以成形，即由五臟而生氣。五臟實為性命之源，生氣之本，而各為心、肝、脾、肺、腎也。心屬火，而有炎上之象。肝屬木，而有曲直之形。脾屬土，而有敦厚之勢。肺屬金，而有從革之能。腎屬水，而有潤下之功。此乃五臟之意而猶準之於氣，皆有所配合焉。凡世之講拳術者，要不能離乎斯也。其在於內胸廓為肺經之位，而肺為五臟之華蓋，故肺經動，而諸臟不能不動也。兩乳之中為心，而肺抱護之。肺之下，膈之上，心經之位也。心為君，心火動，而相火無

不奉命焉,而兩乳之下,右為肝,左為脾,背之十四節骨節為腎。至於腰為兩腎之本位,而為先天之第一,又為諸臟之根源,故腎足,則金、木、水、火、土,無不各顯生機焉。此論五臟之部位也。然五臟之存乎內者,各有定位,而見於身者,亦有專屬,但地位甚多,難以盡述。大約身之所繫中者屬心,窩者屬肺,骨之露處屬腎,筋之聯處屬肝,肉之厚處屬脾。想其意,心如猛,肝如箭,脾之力大甚無窮,肺經之位最靈變,腎氣之動快如風。是在當局者自為體驗,而非筆墨所能盡罄者也。

(六)三合

五臟既明,再論三合。夫所謂三合者,心與意合,氣與力合,筋與骨合,內三合也。手與足合,肘與膝合,肩與胯合,外三合也。若以左手與右足相合,左肘與右膝相合,左肩與右胯相合,右三與左三亦然。以頭與手合,手與身合,身與步合,孰非外合。心與目合,肝與筋合,脾與肉合,肺與身合,腎與骨合,孰非內合。然此特從變而言之也。總之,一動而無不動;一合而無不合,五臟百骸悉在其中矣。

(七)六進

既知三合,猶有六進。夫六進者何也?頭為六陽之首,而為周身之主,五官百骸莫不體此為向背,頭不可不進也。手為先鋒,根基在腳,腳不進,則手卻不前矣,是腳亦不可不進也。氣聚於腕,機關在腰,腰不進則氣餒,而不實矣,此所以腰貴於進者也。意貫周身,運動在步,步不進而意則索然無能為矣,此所以必取其進也。以及上左必進右,上右必進左,共為六進。此六進者,熟非著力

之地歟，要之：未及其進，合周身毫無關動之意，一言其進，統全體全無抽扯之形，六進之道如是矣。

（八）身法

夫發手擊敵，全賴身法之助，身法為何？縱、橫、高、低、進、退、反、側而已。縱，則放其勢，一往而不返。橫，則理其力，開拓而莫阻。高，則揚其身，而身有增長之意。低，則抑其身，而身有攢足之形。當進則進，殫其力而往直前。當退則退，速其氣而回轉扶勢。至於反身顧後，後即前也。側顧左右，左右惡敢當我哉。而要非拘拘焉而為之也。察夫人之強弱，運乎己之機關，有忽縱而忽橫，縱橫因勢而變遷，不可一概而推。有忽高而忽低，高低隨時可轉移，豈可執一而論。時而宜進不可退，退以餒其氣。時而宜退，即以退，退以鼓其進。是進固進也，即退以實以助其進。若反身顧後，而後不覺其為後。側顧左右，而左右不覺其為左右。總之，現在眼，變化在心，而握其要者，則本諸身。身而前，則四體不命而行矣。身而怯，而百骸莫不冥然而處矣。身法固可置而不論乎。

（九）步法

今夫四肢百骸主於動，而實運以步；步者乃一身之根基，運動之樞紐也。以敵應戰、對戰，本諸身。而所以為身之砥柱者，莫非步。隨機應變在於手。而所以為手之轉移者，又在於步。進退反側，非步何以作鼓動之機，抑揚伸縮，非步何以示變化之妙。即為觀察在眼，變化在心，而轉彎抹角，千變萬化，不至窮迫者，何莫非步之司命，而要非勉強可致之也。動作出於無心，鼓舞出於不覺，身

欲動而以之周旋，手將動而步亦早為之催迫，不期然而已
然，莫之驅而若驅，所謂上欲動而下自隨之，其斯之謂歟！
且步分前後，有定位者，步也。無定位者，亦步也。如前步
進，而後步亦隨之，前後自有定位也。若前步作後步，後步
作前步，更以前步作後步之前步，後步作前步之後步，前後
亦自有定位矣。總之，捶以論勢，而握要者步也。活與不活
在於步，靈與不靈亦在於步也。步之為用大矣哉！

（十）剛柔

夫拳術之為用，氣與勢而已矣。然而氣有強弱，勢分
剛柔，氣強者，取手勢之剛，氣弱者，取手勢之柔。剛
者，以千鈞之力而扼百鈞；柔者，以百鈞之力而破千鈞。
尚力尚巧，剛柔之所以分也。然剛柔既分，而發用亦自有
別，四肢發動，氣行諸外，而內持靜重，剛勢也。氣屯於
內，而外現輕和，柔勢也。用剛不可無柔，無柔則環繞不
速。用柔不可無剛，無剛則催逼不捷。剛柔相濟，則粘、
游、連、隨、騰、閃、折、空、掤、擠、捺，無不得其自
然。則剛不可偏用，用武豈可忽耶。

【心解】

（一）理

夫物散必有統，分必有合，天地間四面八方，紛紛者
各有所屬，千頭萬緒，攘攘者自有其源。蓋一本可散為萬
殊，而萬殊咸歸於一本，拳術之學亦不外此公例。夫太極
拳者，千變萬化，無往非勁，勢雖不侔，而勁歸於一；夫
所謂一者，自頂至足，內有臟腑筋骨，外有肌膚皮肉，四
肢百骸相聯而為一也。破之而不開，撞之而不散，上欲動

而下自隨之，下欲動而上自領之，上下動而中部應之，中部動而上下和之。內外相連，前後相需，所謂一以貫之者，其斯之謂歟，而要非勉強以致之，襲焉而為之也。當時而動，如龍如虎，出乎爾而，急如電閃。當時而靜，寂然湛然，居其所而穩如山岳。靜無不靜，表裏上下全無參差牽掛之意。動無不動，前後左右均無猶豫抽扯之形，洵乎若水之就下，沛然莫能禦之也。若火機之內攻，發之而不及掩耳。不假思索，不煩擬議，誠不期然而已然。蓋勁以積日而有益，功以久練而後戰。觀聖門一貫之學，必俟多聞強識，格物致知，方能有功。是知事無難易，功惟自進，不可躐等，不可急就，按步就序，循序漸進，夫而後百骸筋節，自相貫通，上下表裏不難聯絡，庶手散者統之，分者合之，四肢百骸總歸於一氣矣。

太極拳形態上變化萬端，而理為一貫，理解、掌握這個貫穿始終的「一」很重要，這個「一」就是理的核心。

首先是「一體」，身體上下、左右、前後、內外合而為一；其次是「一起動」，一動無有不動，保持動勢為「一」，動無不動，靜無不靜，不能有散亂之動靜；三是「一心一意」，練拳中不能出現「三心二意」的狀態，動作是在心意引導下的過程，心意

四肢百骸總歸一氣
陳小旺演示

亂如政出多頭，令形體無所適從，自然不能「如一」；四是「一氣」，氣貫穿於上下表裏，四肢百骸總歸於一氣，運身的過程就是運氣。

太極拳中的「一」玄機無窮，稱為「一貫」之學，要完全理解它，需要「格物致知」，反覆練拳就是「格物」的方法之一。當然，還有一些拳外的功夫也很緊要。

（二）氣

天地間未有一往而不返者，亦未常有直而無曲者矣；蓋物有對待，勢有回還，古今不易之理也。常有世之論捶者，而兼論氣者矣。夫主於一何分為二；報謂二者即呼吸也，呼吸即陰陽也。捶不能無動靜，氣不能無呼吸，呼則為陽，吸則為陰，上升為陽，下降為陰，陽氣上升而為陽，陽氣下行而為陰，陰氣上升即為陽，陰氣下降仍為陰，此陰陽之所以分也。何為清濁，升而上者為清，降而下者為濁。清者為陽，濁者為陰，然分而言之為陰陽，渾而言之統為氣。氣不能無陰陽，即所謂人不能無動靜，鼻不能無呼吸，口不能無出入，而所以為對待回還之理也。然則氣分為二，而貫於一，有志於是途者，其勿以是為拘拘焉耳。

氣分陰陽，即「氣分為二」的含義。了解氣的各類陰陽要素

氣分為二，而貫於一
蔣家駿演示

是太極拳一項基本功。

太極拳的呼吸，是陰陽的一種重要表現形式，所以呼吸中就有升降、清濁，並與拳的動靜、開合相關聯。

對於氣的陰陽屬性，要能分得清，還要合得上，即「貫於一」。就是各種陰陽要素在運動中保持和諧統一性。

（三）三節

夫氣本諸身，而身節中甚繁，若逐節論之，則又遠乎拳術之宗旨，惟分為三節而論，可為得其截法。三節上、中、下或根、中、梢也。以一身言之：頭為上節，胸為中節，腿為下節。以頭面言之：額為上節，鼻為中節，口為下節。以中身言之：胸為上節，腹為中節，丹田為下節。以腿言之：胯為根節，膝為中節，足為梢節。以臂言之：膊為根節，肘為中節，手為梢節。以手言之：腕為根節，掌為中節，指為梢節。觀於此，而足不必論矣。然則自頂至足，莫不各有三節也；要之，既莫非三節之所，既莫非著意之處。蓋上節不明，無依無宗，中節不明，滿腔是空，下節不明，顛覆必生。由此觀之，身三節部，豈可忽也？至於氣之發動，要從梢節起、中節隨、根節催之而已。此固分而言之，若合而言之，則上自頭

處處三節歸一節　李龍舜演示

頂，下至足底，四肢百骸，總為一節，夫何為三節有哉！又何三節之中各有三節云乎哉！

分三節是相對的，是為了把局部的事情說清楚。最關鍵是本段最後一句話，從合的角度來說，全身上下，從裏到外，「總為一節」。這是總綱，搞清楚了這一點，就不至於瞎子摸象、一葉障目了。

對於不同的考察系統，三節的分法不一樣，所以「三節」的概念是動態的。但三節的運氣要領又是一致的，就是「要從梢節起，中節隨，根節催之」。所以，太極拳應該說是「處處皆三節」「總此一三節」。

（四）四梢

試於論身之外，而進論四梢。夫四梢者，身之餘緒也。言身者初不及此，言氣者亦所罕聞，然捶以由內而發外，氣本諸身而髮梢，氣之為用，不本諸身，則虛而不實。不行於梢，則實而仍虛，梢亦可弗講乎！若手指足特論身之梢耳？而未及梢之梢也。四梢惟何，髮其一也，夫髮之所繫，不列於五行，無關於四體，是無足論矣。然髮為血之梢，血為氣之海，縱不本諸髮而論氣，要不可離乎血以生氣，不離乎血，即不得不兼乎髮，髮欲衝冠，血梢足矣。抑舌為肉之梢，而肉為氣之囊。氣不能行諸肉之梢，即氣無以充其氣之量，故必舌欲催齒，而肉梢足矣。至於骨梢者，齒也，筋梢者，指甲也。氣生於骨而聯於筋，不及乎齒，即不及乎骨之梢，不及乎指甲，即不及乎筋之梢，而欲足爾者，要非齒欲斷筋，甲欲透骨不能也。果能如此，則四梢足矣。四梢足，而氣自足，豈復有虛而

不實、實而仍虛之弊乎！

「以氣運身」是練習太極拳內功的一大原則。氣運身的一個要領就是要氣達梢節。當然，周身各處也必然要「運」到，否則就會出現「虛而不實」，或者「實而仍虛」的毛病。論中提出「四梢」分別是髮為血之梢、舌為肉之梢、齒為骨之梢、甲為筋之梢。練拳運氣都要到達這四個梢節，四梢足，氣才能足。

行拳氣達四梢　楊振鐸演示

練拳中要使氣達四梢，一個關竅就是練拳要閉口合齒。

（五）五臟

夫捶以言勢，勢以言氣。人得五臟以成形，即由五臟而生氣。五臟實為性命之源，生氣之本，而各為心、肝、脾、肺、腎也。心屬火，而有炎上之象。肝屬木，而有曲直之形。脾屬土，而有敦厚之勢。肺屬金，而有從革之能。腎屬水，而有潤下之功。此乃五臟之意而猶準之於氣，皆有所配合焉。凡世之講拳術者，要不能離乎斯也。其在於內胸廓為肺經之位，而肺為五臟之華蓋，故肺經動，而諸臟不能不動也。兩乳之中為心，而肺抱護之。肺之下，膈之上，心經之位也。心為君，心火動，而相火無不奉命焉，而兩乳之下，右為肝，左為脾，背之十四節骨節為腎。至於腰為兩腎之本位，而為先天之第一，又為諸臟之根源，故腎足，則金、木、水、火、土，無不各顯生

太極行拳五行自在其中
王培生演示

機焉。此論五臟之部位也。然五臟之存乎內者，各有定位，而見於身者，亦有專屬，但地位甚多，難以盡述。大約身之所繫中者屬心，窩者屬肺，骨之露處屬腎，筋之聯處屬肝、肉之厚處屬脾。想其意，心如猛，肝如箭，脾之力大甚無窮，肺經之位最靈變，腎氣之動快如風。是在當局者自為體驗，而非筆墨所能盡罄者也。

五臟練氣，分五大系統，各司其職，又與五行相應。有的拳家將太極拳勢與五行屬性對應劃分，分別重點練習臟腑之氣。學者應搞清五行原理，搞清臟腑五行關聯，搞清拳勢理法，如此可針對而為。

五臟之氣是互相配合的，拳勢動作也是互相呼應的。應系統練習，不可偏廢。

在中國傳統哲學中，太極、五行、八卦是一個系統的三種表達、計算、運行方式，具有相通、共融性。

（六）三合

五臟既明，再論三合。夫所謂三合者，心與意合，氣與力合，筋與骨合，內三合也。手與足合，肘與膝合，肩與胯合，外三合也。若以左手與右足相合，左肘與右膝相合，左肩與右胯相合，右三與左三亦然。以頭與手合，手

太極拳一合而無不合
崔仲三演示

與身合，身與步合，孰非外合。心與目合，肝與筋合，脾與肉合，肺與身合，腎與骨合，孰非內合。然此特從變而言之也。總之，一動而無不動；一合而無不合，五臟百骸悉在其中矣。

通常所說「內三合」「外三合」只是分開來說，是要重點關注的內外相合要素。其實太極拳豈止三合？乃三十合，三百合不止。若論點合，則為無數。所以重點在於「一合而無不合」。但內外三合應為初學者重點關注。

（七）六進

既知三合，猶有六進。夫六進者何也？頭為六陽之首，而為周身之主，五官百骸莫不體此為向背，頭不可不進也。手為先鋒，根基在腳，腳不進，則手卻不前矣，是腳亦不可不進也。氣聚於腕，機關在腰，腰不進則氣餒，而不實矣，此所以腰貴於進者也。意貫周身，運動在步，步不進而意則索然無能為矣，此所以必

六進之法關乎動靜
邱慧芳演示

取其進也。以及上左必進右，上右必進左，共為六進。此六進者，孰非著力之地歟，要之：未及其進，合周身毫無關動之意，一言其進，統全體全無抽扯之形，六進之道如是矣。

六進為身法之要，六進分為頭、手、腳、腰、左右步等。既為身法，必然合乎動靜之道，即一動無有不動，毫不猶豫，所謂「統全體全無抽扯之形」，一靜無有不靜，「合周身毫無關動之意」。

「六進」實為「一進」，六合為一進退之法。

（八）身法

夫發手擊敵，全賴身法之助，身法為何？縱、橫、高、低、進、退、反、側而已。縱，則放其勢，一往而不返。橫，則理其力，開拓而莫阻。高，則揚其身，而身有增長之意。低，則抑其身，而身有攢足之形。當進則進，殫其力而往直前。當退則退，速其氣而回轉扶勢。至於反身顧後，後即前也。側顧左右，左右惡敢當我哉。而要非拘拘焉而為之也。察夫人之強弱，運乎己之機關，有忽縱而忽橫，縱橫因勢而變遷，不可一概而推。有忽高而忽低，高低隨時可轉移，豈可執一而

太極身法以靈為準　王培生演示

156

論。時而宜進不可退，退以餒其氣。時而宜退，即以退，退以鼓其進。是進固進也，即退以實以助其進。若反身顧後，而後不覺其為後。側顧左右，而左右不覺其為左右。總之，現在眼，變化在心，而握其要者，則本諸身。身而前，則四體不命而行矣。身而怯，而百骸莫不冥然而處矣。身法固可置而不論乎。

身法基本要素有八，分別為縱、橫、高、低、進、退、反、側，每一身法有其自身特徵，要細緻研究體會。每種身法在運動中並非單純的一種，而是含有一種或多種其他身法，太極拳的身法是複合型身法。

身法的運用以靈活為準，當進則進，當退則退。每種身法也是互為轉換的，所謂後即前，左即右，不可死板。特別是在臨敵過程中，更是千變萬化，關鍵是「變化在心」。

（九）步法

今夫四肢百骸主於動，而實運以步；步者乃一身之根基，運動之樞紐也。以敵應戰、對戰，本諸身。而所以為身之砥柱者，莫非步。隨機應變在於手。而所以為手之轉移者，又在於步。進退反側，非步何以作鼓動之機，抑揚伸縮，非步何以示變化之妙。即為觀察在眼，變化在心，而轉彎抹角，千

步法之大要為勢　陳正雷演示

變萬化，不至窮迫者，何莫非步之司命，而要非勉強可致之也。動作出於無心，鼓舞出於不覺，身欲動而以之周旋，手將動而步亦早為之催迫，不期然而已然，莫之驅而若驅，所謂上欲動而下自隨之，其斯之謂歟！且步分前後，有定位者，步也。無定位者，亦步也。如前步進，而後步亦隨之，前後自有定位也。若前步作後步，後步作前步，更以前步作後步之前步，後步作前步之後步，前後亦自有定位矣。總之，捶以論勢，而握要者步也。活與不活在於步，靈與不靈亦在於步也。步之為用大矣哉！

步法是身法的基礎，步法轉換正確，身法才能「換的靈」，意氣才能「活」，所以說步為一身之「樞紐」「砥柱」。

步法的轉換與「眼」、與「心」有密切關聯，開始階段，觀察於眼，變化於心。到了高級階段，進入「無心」層次，步與心、身有高度契合感，不用意念引導，是「純任自然」的階段，「身欲動而以之周旋，手將動而步亦早為之催迫，不期然而已然，莫之驅而若驅」，為寂然不動，感而遂通。

步有法亦無法，所謂有「定位」與無「定位」，關鍵在於把握步之要者，就是「勢」。

（十）剛柔

夫拳術之為用，氣與勢而已矣。然而氣有強弱，勢分剛柔，氣強者，取手勢之剛，氣弱者，取手勢之柔。剛者，以千鈞之力而扼百鈞；柔者，以百鈞之力而破千鈞。尚力尚巧，剛柔之所以分也。然剛柔既分，而發用亦自有

剛柔相濟，得其自然　朱天才演示

別，四肢發動，氣行諸外，而內持靜重，剛勢也。氣屯於內，而外現輕和，柔勢也。用剛不可無柔，無柔則環繞不速。用柔不可無剛，無剛則催逼不捷。剛柔相濟，則粘、游、連、隨、騰、閃、折、空、掤、擠、捺，無不得其自然。則剛不可偏用，用武豈可忽耶。

　　剛柔不是指勁力，不是論大小。練拳講究「勢」，拳式為靜，拳勢為動。勢分剛柔，與氣相關。氣行於外，表現為迅猛強悍，為剛；氣行於內，表現為輕和舒緩，為柔。單純的剛柔不能具備太大威力，剛柔相濟，才能得其自然。得其自然就是動作順、氣息順。剛柔模式就是一種動態運勁模式，敵強我強，敵弱我柔，隨曲就伸，最為節省能量，發揮最高效能。

勝 戰 玄 機

——《打手歌》心解

《打手歌》為闡述太極拳技擊實戰的著名拳訣，雖然文字較少，僅有幾句，但涵義深刻，闡發了太極拳的技擊制勝之道。

《打手歌》的流傳版本很多，少數字差別的有十多種以上。歸納起來有三大類，一類為四句七言歌訣，此類最常見的版本為：

> 掤捋擠按須認真，上下相隨人難進。
> 任他巨力人來打，牽動四兩撥千斤。

一類為六句七言歌訣，此類最常見版本為：
> 掤捋擠按須認真，上下相隨人難進。
> 任他巨力來打我，牽動四兩撥千斤。
> 引進落空合即出，沾連黏隨不丟頂。

還有一類為八句七言歌訣，此類最常見版本為：
> 掤捋擠按須認真，上下相隨人難進。
> 任他聚力來打我，牽動四兩撥千斤。
> 引進落空合即出，沾連黏隨不丟頂。

剛柔快慢自有為，形觀耄耋能禦眾。

其中以六句七言歌訣版本最為流行。本文也以此版本作為心解原文。

《打手歌》的名稱也不太一致，除《打手歌》外，有的叫做《七言俚語》，有的叫做《打手層折》，還有的稱為《擠手歌訣》。

由於《打手歌》在文字上有許多相近之處，指導思想也一以貫之，所以在很多太極拳家收錄此訣時，都名為王宗岳所作。

【原文】

> 掤捋擠按須認真，上下相隨人難進。
> 任他巨力來打我，牽動四兩撥千斤。
> 引進落空合即出，沾連黏隨不丟頂。

【心解】

掤捋擠按須認真

掤、捋、擠、按為太極八法之四正手，為推手最基本也是最核心的練法與用法。練好掤、捋、擠、按是掌握推手奧秘的入門功。

掤

捋

擠

按

四正手為太極功技之基石　楊振鐸演示

上下相隨人難進

上下相隨將我練成一個整體,「一動無有不動,一靜無有不靜」。如何才能上下相隨?《太極拳論》中給出了練功原則:「虛靈頂勁,氣沉丹田,不偏不倚,忽隱忽現,左重則左虛,右重則右虛,仰之則彌高,俯之則彌深,退之則欲促。」能做到「己隨」,才能做到「隨人」,如能隨人,在技擊中如影隨形,敵對我有莫測之感,手探之無形,勁觸之無著,自然難進。

與上下相隨一體化的是,還要內外相隨,即氣、形相隨,還要意、氣相隨。要依照拳論所說的「其根在腳,發於腿,主宰於腰,形於手指,由腳而腿而腰總須完整一氣」來實現,如此,「向前退後乃能得機得勢」。

意氣相隨　和有祿演示

任他巨力來打我

我為太極狀態,就不怕對方的巨力來打我。巨力為剛,我為剛柔相濟,自然能隨曲就伸。

牽動四兩撥千斤

「四兩撥千斤」乃太極拳技擊之精髓，為以柔克剛之法。牽動，即「以彼之力還諸彼身」。「牽動」之意非常深刻，要接上對方的勁，方可牽動。不是「用」四兩來撥千斤。

四兩撥千金　李經梧演示

引進落空合即出

「引進落空」為「開」，為柔化之法，斷其勁路，空其意，壞其形，即而合之，敵便跌出。

合即出　王大勇演示

合有發放之意。與敵勁和，敵落空後，自然回撤，我便合之，此乃「得機得勢」。

沾連黏隨不丟頂

「沾連黏隨」是方法，「不丟頂」是目的。對方來勁我接住，謂之「沾」，即沾為連之法。對方欲走我隨住，謂之「黏」，即黏為隨之法。只有不丟頂，才能控制住對方，才能在最恰當的時候「合而擊之」。「不丟頂」就是不丟不頂，「動急則急應，動緩則緩隨」，就是守中之道，無過不及。

無過不及　楊軍演示

大 道 至 要

——武禹襄《四字密訣》心解

《四字密訣》很短，只是四個字的基本釋義，但在太極拳理論體系中的地位很重要，特別是在技擊方面，更顯示了太極拳獨特的技擊功夫風範。

如果說掤、捋、擠、按、採、挒、肘、靠是太極拳推手的基本技術、基本方法和基本勁法，為太極拳技擊的基本功，《四字訣》所論述的則是太極技擊的高級內功與內勁的運用，理解了這四個字的真正含義，對太極拳技擊就有了真正的瞭解，能做到這四字的境界，當為太極一流技擊高手。

武禹襄故居

原文為「敷、蓋、對、吞」四字的分解，另有一小段跋文。

【原文】

四字密訣

武禹襄

敷：敷者，運氣於己身，敷布彼勁之上，使不得動也。

蓋：蓋者，以氣蓋彼來處也。

對：對者，以氣對彼來處，認定準頭而去也。

吞：吞者，以氣全吞而入於化也。

此四字無形無聲，非懂勁後，練到極精地位者，不能知全。是以氣言，能直養其氣而無害，使能施於四體，四體不言而喻矣。

【心解】

敷：敷者，運氣於己身，敷布彼勁之上，使不得動也。

敷的前提，是自身有內功基礎，有充沛、渾厚內氣，所以能「運氣於己身」。此法為消敵攻勢於萌芽中，讓其「壯士未出身先死」。對方勁力未發，威脅最小，等其勁力發出，再加阻止，消耗就巨，付出成本就大得多。所以「敷」字的要點在於時機要把握好，要及時、準確。「敷布彼勁上，使不得動也」。使用敷字，要果斷，爭取到主動，使其能量不能爆發，用小的代價獲取大的勝利。陳鑫在《爭走要訣》中說：「兩人交手，各懷爭勝之心。彼先佔據，我即失敗；我先佔據，彼亦失敗。蓋得勢不得勢全繫於

太極內功技擊之敷　楊瑞演示

此，此兩人俱到山窮水盡也。當此際者，該如之何？曰：必
先據上游。」所謂據上游，就是佔據主動。

　　要做到這點，就要有很好的感知能力，早了，自己陷
入被動，晚了，無法敷得住。

　　李亦畬的《敷字訣解》：「敷，所謂『一言以蔽之』
也。人有不習此技而獲聞此訣者，無心而白於余。始而不
解，及詳味之，乃知『敷』者，包獲周匝，『人不知我，
我獨知人』。氣雖尚在自己骨裏，而意恰在彼皮裏膜外之
間，所謂『氣未到而意已吞』也。」

　　蓋：蓋者，以氣蓋彼來處也。

　　「敷」為整體蓋死對方，「蓋」則為選擇性打擊，所
以為「蓋彼來處也」，但關鍵還是「以氣」，要以內功、
內氣蓋之。彼來處，就是對方的勁根、勁源，斷氣根，竭

太極內功技擊之蓋　朱懷元演示

其源。這要求有很高的聽勁功夫，能清晰把握對方的勁路結構。就像火箭，毀掉其動力燃料箱。太極拳高功夫者有論「打點不打面」，這個點，就是關鍵點，彼來處，就是一個十分關鍵的點。

　　對：對者，以氣對彼來處，認定準頭而去也。

　　「對」是處理其另外一個關鍵點。對為發勁，在這裏是針鋒相對，迎面而上，乾脆俐落，毫不猶豫，要求脆、快、冷、斷。認定「準頭」，這個準頭就是

太極內功技擊之對　朱懷元演示

對方擊我之點，「蓋」為處理敵勁之根，「對」為處理敵勁之梢。這種打法是在我佔據主動、佔據優勢情況下，以準、狠之勢擊之，「發勁如放箭」，需要有準確判斷力和果決之心。

吞：吞者，以氣全吞而入於化也。

「吞」為化法，即「引進落空」之意，使對方來勁如「泥牛入海」，使其感覺如臨斷崖，失重、失勢，瞬間癱軟掉。內功高明者，能空掉自身，令敵產生無邊無際之感和恐懼感。

四字密訣，每字既是一種獨立運功方法，又互相關聯，構成一個技擊系統，運用中不分彼此，綜合使用。

四字訣中最為核心的關鍵詞為「氣」，每種方法都是「以氣」為基礎，敷為「運氣於己身」，也是「以氣」運

太極內功技擊之吞　楊瑞演示

身。所以要掌握好四字訣，必須先練好內功，否則就是無源之水。

　　在武禹襄的太極拳學體系中，「氣」的思想處於核心地位。在他所著的《打手要言》中，一共使用了二十五個「氣」字，在本篇《四字密訣》中，極短篇幅也使用了六個「氣」字。所以要理解武禹襄的拳論，要從「氣」字入手，本密訣與其名為「四字密訣」實則為「五字密訣」，另有一貫穿的「氣」字為暗訣、主訣。

太極拳練氣為核心　　關振軍演示

心 法 指 南

──李亦畬《五字訣》心解

太極拳家李亦畬

本拳論為著名太極拳家李亦畬最具代表性著作，深入論述了太極拳五大基本要領，是歷來對這五個方面最權威、最詳盡的心法解析，值得每位深研太極拳者細心體會。其中部分解析文字與王宗岳《太極拳論》、武禹襄《十三勢行功心解》相通，對照體悟更加清晰。

李亦畬（1832—1892 年）為清代太極拳家，同治元年壬戌（1862 年）舉孝廉方正，性聰敏，工小楷。隨母舅武禹襄學拳，放棄仕途，數十年專心研究太極。為武式太極拳的創立、發展以及理論架構的建立發揮了重要作用。注重研究、總結，著有《五字訣》《撒放密訣》《走架打手行工要言》《太極拳小序》等拳論，並於 1881 年左右將王宗岳、

郝和珍藏之老三本

武禹襄拳論及其心得親筆手抄三本：一自存、一交弟李啟軒、一交傳人郝和，皆以工筆小楷書寫，這就是太極拳理論史上著名的「老三本」，被太極拳研究者所珍視。

本文為李亦畬晚年所撰，乃其畢生拳學精華之總結。《五字訣》中多以技擊論理，但習練拳架為技擊之根本，理法相通。

【原文】

五字訣

一曰心靜

心不靜則不專，一舉手，前後左右全無定向，故要心靜。起初舉動未能由己，要悉心體認，隨人所動，隨曲就伸，不丟不頂，勿自伸縮。彼有力我亦有力，我力在先；彼無力我亦無力，我意仍在先。要刻刻留心，挨何處，心要用在何處，須向不丟不頂中討消息。從此做去，一年半載，便能施於身。此全是用意，不是用勁，久之則人為我制，我不為人制矣。

二曰身靈

身滯則進退不能自如，故要身靈。舉手不可有呆像，彼之力方礙我皮毛，我之意已入彼骨裏。兩手支撐，一氣貫串。左重則左虛，而右已去，右重則右虛，而左已去。氣如車輪，周身俱要相隨，有不相隨處，身便散亂，便不得力，其病於腰腿求之。先以心使身，從人不從己。後身

能從心，由己仍是從人。由己則滯，從人則活。能從人，手上便有分寸，秤彼勁之大小，分厘不錯；權彼來之長短，毫髮無差。前進後退，處處恰合，工彌久而技彌精矣。

三曰氣斂

氣勢散漫，便無含蓄，易散亂，務使氣斂入脊骨。呼吸通靈，周身罔間。吸為合為蓄，呼為開為發，蓋吸則自然提得起，亦拿得人起；呼則自然沉得下，亦放得人出。此是以意運氣，非以力使氣也。

四曰勁整

一身之勁練成一家，分清虛實。發勁要有根源，勁起於腳跟，主於腰間，形於手指，發於脊背。又要提起全副精神，於彼勁將出未發之際，我勁已接入彼勁，恰好不後不先，如皮燃火，如泉湧出。前進後退，絲毫不亂，曲中求直，蓄而後發，方能隨手奏效。此謂借力打人，四兩撥千斤也。

五曰神聚

上四者俱備，才歸神聚。神聚則一氣鼓鑄，煉氣歸神，氣勢騰挪，精神貫注，開合有致，虛實清楚。左虛則右實，右虛則左實。虛非全然無力，氣勢要有騰挪，實非全然占煞，精神要貴貫注。緊要全在胸中腰間運化，不在外面。力從人借，氣由脊發。胡能氣由脊發？氣向下沉，由兩肩收於脊骨，注於腰間，此氣之由上而下也，謂之合。由腰形於脊骨，布於兩膊，施於手指，此氣之由下而

上也，謂之開。合便是收，開即是放，懂得開合，便知陰陽。到此地位，工用一日，技精一日，漸至從心所欲，罔不如意矣。

【心解】

一曰心靜

心不靜則不專，一舉手，前後左右全無定向，故要心靜。起初舉動未能由己，要悉心體認，隨人所動，隨曲就伸，不丟不頂，勿自伸縮。彼有力我亦有力，我力在先；彼無力我亦無力，我意仍在先。要刻刻留心，挨何處，心要用在何處，須向不丟不頂中討消息。從此做去，一年半載，便能施於身。此全是用意，不是用勁，久之則人為我制，我不為人制矣。

　　靜就是心無雜念，心靜才能專。這裏的專是意念靜靜地鎖定。此段論述了心靜在太極推手技擊中的作用。做到了心靜才能神舒體鬆，提高自身的敏感度。拳論中重點講解了「捨己」之法，「舉動未能由己」，就是自己不可主動性去動，而是要體察對方，「隨」對方而動，「隨」的原則是「隨曲就伸」，「隨」的方式是不丟不頂，不要自己隨意伸縮。「隨」的目的是占先機，對方有力的時候，我力佔先，對方無力的時候我也無力，但意仍然占「先」。所以「心靜」的目的在於技擊中能夠佔先。心不靜就做不到佔先。

　　心靜的作用還在於做到心、身合一。「挨何處，心要用在何處」。「向不丟不頂中討消息」，就是在身的對抗中獲得對方意的「消息」，如此，推手技擊的功夫「全是用意，不是用勁」。

心如止水靜氣賦形　　楊靜演示

心靜也是練拳架的重要原則。只有在練拳中保持心靜，磨煉心性，在技擊中才能心無旁騖，如影隨形。練套路最簡單的保持心靜的方法就是把意念關注在動作要領上，再深入一步就是把意念關注在內氣運行上。

二曰身靈

身滯則進退不能自如，故要身靈。舉手不可有呆像，彼之力方礙我皮毛，我之意已入彼骨裏。兩手支撐，一氣貫串。左重則左虛，而右已去，右重則右虛，而左已去。氣如車輪，周身俱要相隨，有不相隨處，身便散亂，便不得力，其病於腰腿求之。先以心使身，從人不從己。後身能從心，由己仍是從人。由己則滯，從人則活。能從人，手上便有分寸，秤彼勁之大小，分厘不錯；權彼來之長短，毫

氣順則靈　王培生演示

髮無差。前進後退，處處恰合，工彌久而技彌精矣。

身靈並非自己變化的「靈」，而是從人的「靈」，能夠隨對方的變化而隨機變化，乃太極拳之真「靈」，這是太極拳「靈」的奧秘，也是本段的核心要點。

「從人」並非停留在表面上的「從」，而是以意「從」之，對方之力剛挨我皮毛，我的意念已經深入其骨子裏。

要做到「身靈」，練氣是基本條件。行拳中「氣如車輪」「一氣貫穿」，這樣就能達到「以心使身」、以氣馭身，能夠精確把握分寸，做到毫髮無差。

本段中再次論述了「隨」，強調「周身俱要相隨」，並說「有不相隨處，身便散亂」。

心靜、氣順、能隨，就做到了「捨己」之靈。

三曰氣斂

氣勢散漫，便無含蓄，易散亂，務使氣斂入脊骨。呼吸通靈，周身罔間。吸為合為蓄，呼為開為發，蓋吸則自然提得起，亦拿得人起；呼則自然沉得下，亦放得人出。此是以意運氣，非以力使氣也。

以意運氣，含蓄內斂
張勇濤演示

此段論述的「氣」有

三種，一為氣勢，要內斂含蓄，不可散亂。二為內氣，宜內斂入骨，使周身一體。三為呼吸吐納之氣，與動作開合相匹配。且吸、呼都有技擊的功用，一能拿得人起，一能放得人出。

三種氣的運行都是「以意運氣」。

四曰勁整

一身之勁練成一家，分清虛實。發勁要有根源，勁起於腳跟，主於腰間，形於手指，發於脊背。又要提起全副精神，於彼勁將出未發之際，我勁已接入彼勁，恰好不後不先，如皮燃火，如泉湧出。前進後退，絲毫不亂，曲中求直，蓄而後發，方能隨手奏效。此謂借力打人，四兩撥千斤也。

如何實現勁整？要點有二：一要分清虛實，有虛有實，虛實相間，勁力才圓潤飽滿；二要有先進的勁力傳導

勁整神全　李斌演示

結構，這個結構就是腳跟、腰、脊背、手指的四位一體，作用分明。

勁整還要會用，首先要有神，無神之勁無魂。另外要準確把握時機，即「得機得勢」，最佳時機在對方的勁「將出未發之際」，使我的勁「接入彼勁」，就能調動、指揮對方之勁，這也是「四兩撥千斤」的關竅所在。

五曰神聚

上四者俱備，才歸神聚。神聚則一氣鼓鑄，煉氣歸神，氣勢騰挪，精神貫注，開合有致，虛實清楚。左虛則右實，右虛則左實。虛非全然無力，氣勢要有騰挪，實非全然占煞，精神要貴貫注。緊要全在胸中腰間運化，不在外面。力從人借，氣由脊發。胡能氣由脊發？氣向下沉，

氣勢騰挪，氣由脊發　崔仲三演示

由兩肩收於脊骨,注於腰間,此氣之由上而下也,謂之合。由腰形於脊骨,布於兩膊,施於手指,此氣之由下而上也,謂之開。合便是收,開即是放,懂得開合,便知陰陽。到此地位,工用一日,技精一日,漸至從心所欲,罔不如意矣。

神聚有兩個要點,一為精神貫注,一為氣勢騰挪。精神貫注地長久練習,能實現「從心所欲」。氣勢騰挪,表現為「開合有致,虛實清楚」。

太極拳的一個重要練功方法是做到「胸腰間運化」,這就是能「氣由脊發」。

本段拳論中最為精彩之處,在於對「氣由脊發」作了精妙細微的闡述,對「氣由脊發」的過程以及其中的上下、開合關係均做了解析,是「力由脊發」的深入發展。

經 緯 詩 篇

——王宗岳《十三勢歌》心解

《十三勢歌》又名《十三勢行功歌》，相傳為王宗岳所著。該文語言精煉生動，淺顯易懂，因此流傳甚廣，其中很多句子在各類太極拳著作中被廣泛引用，成為廣大太極拳愛好者耳熟能詳的名句。

《十三勢歌》為七言歌訣，共二十四句，一百六十八字。不同版本少數字有所差別，大部分相同。

【原文】

> 十三總勢莫輕視，命意源頭在腰際。
> 變轉虛實須留意，氣遍身軀不少滯。
> 靜中觸動動猶靜，因敵變化示神奇。
> 勢勢存心揆用意，得來不覺費功夫。
> 刻刻留意在腰間，腹內鬆靜氣騰然。
> 尾閭中正神貫頂，滿身輕利頂頭懸。
> 仔細留心向推求，屈伸開合聽自由。
> 入門引路須口授，功夫無息法自修。
> 若言體用何為準，意氣君來骨肉臣。
> 想推用意終何在，益壽延年不老春。
> 歌兮歌兮百四十，字字真切意無遺。
> 若不向此推求去，枉費功夫貽歎息。

【心解】

十三總勢莫輕視，命意源頭在腰際。

變轉虛實須留意，氣遍身軀不少滯。

「十三總勢」指太極拳。太極拳在古拳論中經常被稱為「十三勢」，因其基本用法為「掤、捋、擠、按、採、挒、肘、靠、進、退、顧、盼、定」十三法。「命意」指心意活動。「腰際」為腰部運轉的空間。「不少滯」，就是一點都不塞滯。有的版本作「命意源頭在腰隙」。

腰為主宰，一切運動由腰帶動，虛實分明，內氣和暢。氣遍身軀，就是每一動皆有氣，肢體帶氣運動。要高度重視太極拳的虛實變化問題。楊澄甫曾說：「太極拳術以分虛實為第一義。」虛實的變化首先是身體重心的虛實變化，高級一些是勁力的虛實變化，還有招勢的虛實變化等。

此四句闡明了太極拳的總體運動狀態，是一種虛實分明的氣運全身的內功運行狀態，氣機的核心在腰部。

腰為主宰　氣遍身軀　陳小旺演示

靜中觸動動猶靜，因敵變化示神奇。

勢勢存心揆用意，得來不覺費功夫。

太極拳講究靜以致動，由靜生動，靜極而動。不能主動去動。練功中的內動，是在身心靜的狀態下自然產生的萌動，自發的觸動，此為「觸動」的第一層含義。另外一層含義就是因敵而動，隨機而動，我本靜，敵變我變，敵動我動，捨己從人的動，是由於外界的變化觸發我的動。這樣的動都不是躁動，因此「動」猶「靜」。

「揆」為揣測、體察之意。對於每一勢要仔細用心體察其虛實、動靜關係、變化過程、起止的轉換原則，就自然把握了太極拳的要義了。每一勢皆以意行拳，動靜、虛實都是在意的引導下完成的。

動靜如一　心意相隨　楊禹廷演示

184

刻刻留意在腰間，腹內鬆靜氣騰然。

尾閭中正神貫頂，滿身輕利頂頭懸。

「刻刻留意在腰間」是隨時都要高度重視腰部的作用，但並不是要把意念隨時都貫注在腰間。相反，腰部要保持鬆、靜的狀態，不可太著意，這樣才能自然萌生內氣，才能做到「氣騰然」，自然升騰，而不是強行引導。太極拳之用意乃「無意之用」。腰部鬆靜，全身放鬆，脊柱自然豎起，頭部領起，即「頂頭懸」，效果才能立現，達到「滿身輕利」的狀態。

「尾閭中正」「神貫頂」「頂頭懸」成為了太極拳中經常被引用的術語。

中正氣騰然　楊振鐸演示

仔細留心向推求，屈伸開合聽自由。

入門引路須口授，功夫無息法自修。

　　仔細留心的是法度要領，聽自由的是感覺、狀態。太極拳運動有共性，也有個性。共性就是一些原則性的要領，需要老師傳授，引領入門，這是基本功，要紮實打牢。個性就是最適合自己的行拳方法，這需要悟性，要自己透過不斷地鍛鍊來感受。每個人身、心都有個體差異，練拳要結合自身條件來進行，不可僵化、教條。

　　太極拳是一種高度追求身心自由的練習方法，是建立在共性原則基礎上的個性發揮。不能用條條框框把自己束縛住，這一點十分重要。

屈伸開合　自由自在　王大勇演示

186

若言體用何為準，
意氣君來骨肉臣。
想推用意終何在，
益壽延年不老春。

意氣相合　體用兼備　吳鑒泉演示

「意氣君來骨肉臣」點明太極拳的核心要旨。太極拳是在意氣統領下的運動，所有的肢體動作都要有意氣的參與，這樣才能做到內外兼修，外強筋骨，內固精神，實現延年益壽的目的。

歌兮歌兮百四十，字字真切意無遺。
若不向此推求去，枉費功夫貽歎息。

不算此最後四句，前面共二十句拳詩。依照此論仔細參詳，可領悟太極拳妙法。否則一旦練偏，白費工夫。

妙 諦 衍 真

——楊班侯《太極拳九訣》心解

楊班侯像

楊班侯所傳《太極拳九訣》，最早系統公佈是在人民體育出版社 1958 年出版的《太極拳九訣八十一式注解》一書中，該書為牛連元的弟子吳孟俠、吳兆峰所著。相傳《太極拳九訣》就是楊班侯傳給其弟子牛連元後流傳下來的。

楊班侯「九訣」構成一個完整系統，細緻論述了太極拳練習的要領、方法、原則和原理。特別是對太極十三勢的多角度、多層次闡釋，深入、細緻，具有很強的實用性。一經問世，便得到很多名家高手推崇，認為闡明了太極練習真諦妙法。著名太極拳家吳志青先生稱讚其為：「一字有一字之用，一句有一句之法，字字珠璣，句句錦繡。」

【原文】

一、全體大用訣

太極拳法妙無窮，掤捋擠按雀尾生。
斜走單鞭胸膛占，回身提手把著封。

海底撈月亮翅變，挑打軟肋不容情。
摟膝拗步斜中找，手揮琵琶穿化精。
貼身靠近橫肘上，護中反打又稱雄。
進步搬攔肋下使，如封似閉護正中。
十字手法變不盡，抱虎歸山採挒成。
肘底看捶護中手，退行三把倒轉肱。
墜身退走扳挽勁，斜飛著法用不空。
海底針要躬身就，扇通臂上托架功。
撇身捶打閃化式，橫身前進著法成。
腕中反有閉拿法，雲手三進臂上攻。
高探馬上攔手刺，左右分腳手要封。
轉身蹬腳腹上占，進步栽捶迎面衝。
反身白蛇吐信變，採住敵手取雙瞳。
右蹬腳上軟肋踹，左右披身伏虎精。
上打正胸肋下用，雙風貫耳著法靈。
左蹬腳踢右蹬式，回身蹬腳膝骨迎。
野馬分鬃攻腋下，玉女穿梭四角封。
搖化單臂托手上，左右用法一般同。
單鞭下式順鋒入，金雞獨立占上風。
提膝上打致命處，下傷二足難留情。
十字腿法軟骨斷，指襠捶下靠為鋒。
上步七星架手式，退步跨虎閃正中。
轉身擺蓮護腿進，彎弓射虎挑打胸。
如風似閉顧盼定，太極合手式完成。
全體大用意為主，體鬆氣固神要凝。

楊振鐸示範楊式太極拳

【心解】

「全體大用訣」為太極拳各主要拳勢解說，既是套路的拳訣形式記錄，又是每勢要點的精闢析要，有體有用。對於每勢的講解，有的說明練習方法，如「退行三把倒轉肱」「海底針要躬身就」；有的強調拳勢要領，如「摟膝拗步斜中找」「如風似閉顧盼定」；有的指明技擊用法，如「彎弓射虎挑打胸」「野馬分鬃攻腋下」等，言簡意賅，應結合具體拳勢，仔細體會。

最後兩句「全體大用意為主，體鬆氣固神要凝」點明主旨，練習太極拳以意為主導，以意行氣，以氣運身，體鬆神凝，方可登堂入室。

【原文】

二、十三字行功訣

挪手兩臂要圓撐，動靜虛實任意攻。
搭手捋開擠掌使，敵欲還著勢難逞。
按手用著似顛倒，二把採住不放鬆。
來勢兇猛挒手用，肘靠隨時任意行。
進退反側應機走，何怕敵人藝業精。
遇敵上前迫近打，顧住三前盼七星。
敵人逼近來打我，閃開正中定橫中。
太極十三字中法，精意揣摩妙更生。

【心解】

解析「掤、捋、擠、按、採、挒、肘、靠、進、退、顧、盼、定」十三字的行功要點及技擊用法。

掤：兩手臂向外圓撐，勁力飽滿。

捋：捋開敵勁離開我身。不可向內捋。

擠：擠出。以掌擠，全身助勁。

按：勁力要準，要進入敵身。

採：採要拿住對方，不使其脫逃。

挒：用於對方來勢兇猛之時，有牽帶之意。

肘：順勢用肘。

靠：近身用靠。

劉晚蒼與弟子王舉興演示十三字行功用法

進：敢近身，莫猶豫。

退：側身而退，不讓敵乘。

顧：顧住我的正面各部分。

盼：照看好敵方進攻各個路線。

定：閃開敵中，拿住橫線，以我為中。

【原文】

三、十三字用功訣

逢手遇掤莫入盤，黏沾不離得著難。

閉掤要上採挒法，二把得實急無援。

按定四正隅方變，觸手即佔先上先。

掤擠二法趁機使，肘靠攻在腳跟前。

遇機得勢進退走，三前七星顧盼間。

周身實力意中定，聽探順化神氣關。

見實不上得攻手，何日功夫是體全。

操練不按體中用，修到終期藝精難。

【心解】

論述太極拳「十三字」體用之法。「掤、挒、擠、按、採、挒、肘、靠、進、退、顧、盼、定」十三字各有特點，在運用中要結合敵我雙方的具體狀態，靈活恰當地選擇方法，並且要配合使用。最主要的是要避其鋒芒，以正打斜，抓住時機，佔據主動。如敵用掤法，為正面來犯，我應以採挒法化解之，以黏沾法隨之，不使其逃脫，在抓住有利時機，搶佔正面，近身貼靠肘擊。十三字的運

李經梧演示太極技擊

用是一個綜合性過程，在此過程中，要以意氣為引導，始終守中用中。

【原文】

四、八字法訣

三換二挒一擠按，搭手遇掤莫讓先。
柔裏有剛攻不破，剛中無柔不為堅。
避人攻守要採挒，力在驚彈走螺旋。
逞勢進取貼身肘，肩胯膝打靠為先。

【心解】

論述太極拳推手技擊的手法、勁法與身法，闡述攻防之道。「三換二挒一擠按」為一個推手週期中有兩次挒

力在驚彈走螺旋　朱懷元演示

法、一次擠按共三個變化過程。「掤」為對方進攻之法，不能讓其佔據主動，遇「掤」就要占得先機。如何佔據先機？要在「聽勁」基礎上，運用十三字化解之法，如挒、採等，以及《四字密訣》中所講解的「敷、蓋、對、吞」的功夫。勁力是技擊中的武器，要做到剛中有柔，螺旋變化，迅猛快捷。一旦得機得勢，要立即上前近身，靈活運用身體各個部位擊打對方。

【原文】

五、虛實訣

虛虛實實神會中，虛實實虛手行動。

練拳不諳虛實理，枉費功夫終無成。

虛守實發掌中竅，中實不發藝難精。

虛實自有虛實在，實實虛虛攻不空。

【心解】

太極拳處處皆虛實，一處有一處虛實，處處總此一虛實，神氣守中，內氣充盈，為「總此一虛實」之實，隨曲就伸，招勢變化不斷，為「總此一虛實」之虛。以充沛之內勁，

太極拳處處有虛實　吳圖南演示

運用捨己從人、以柔克剛之法為太極拳虛實運用之道。概括而論，神為實，形為虛。神為實，故虛守之，形為虛，故實用之，所謂「虛守實發」即為此理。虛實環環相套，一處實或虛仍含有另外一個完整虛實，即「虛實自有虛實在」，虛實之間還互相轉化，所以「實實虛虛攻不空」。

虛實的變化不是簡單的外形變化，而是以神意領會引導，形不動而虛實已變。

【原文】

六、亂環訣

亂環術法最難通，上下隨合妙無窮。
陷敵深入亂環內，四兩千斤著法成。
手腳齊進橫豎找，掌中亂環落不空。
欲知環中法何在，發落點對即成功。

【心解】

「亂環」為太極拳重要心法。太極拳處處皆圓，舉手投足環環相扣，臨敵時使其覺得變化無端，亂象環生，「陷敵深入

環環相合　亂中有序　李益春演示

亂環內」，此一「亂」也。練習太極內功，由淺入深，開始圈大，逐漸圈越來越小，乃至無圈，環不成環，又處處是環，此二「亂」也，此亂實乃「無法之法」，隨心所動，環乃自然天成，所以亂中有序。環乃為虛，點才是實，以環造勢、取勢，以點打擊，這樣就起到「四兩撥千斤」之效。

亂環之妙在於：環要亂透，法要取正。

【原文】

七、陰陽訣

太極陰陽少人修，吞吐開合問剛柔。

正隅收放任君走，動靜變化何須愁。

生剋二法隨著用，閃進全在動中求。

輕重虛實怎的是，重裏現輕勿稍留。

【心解】

《陰陽訣》結合太極拳中重點的陰陽要素，闡述陰陽變化、運用的要點。陰陽乃對立統一的兩個方面，太極拳中的吞吐、開合、剛柔、正隅、動靜、輕重等都是典型的陰陽要素。處理好這些關係，太極拳的主體架構就會構建得很好。處理好這些陰陽關係都要在動勢中完成，在開合中體現剛柔，

陰陽間剛柔　劉晚蒼演示

在正隅變化中實現吞吐，在動靜交替中體會輕重。「重裏現輕」即我以重擊敵之虛，但神意要保持虛靈，勁氣不可過於遲重。

【原文】

八、十八在訣

棚在兩臂，捋在掌中，擠在手背，按在腰攻，
採在十指，挒在兩肱，肘在屈使，靠在肩胸，
進在雲手，退在轉肱，顧在三前，盼在七星，
定在有隙，中在得橫，滯在雙重，通在單輕，
虛在當守，實在必衝。

【心解】

本訣用十分簡練的文字，講解了「掤、捋、擠、按、採、挒、肘、靠、進、退、顧、盼、定、中、滯、通、虛、實」這十八個字在太極拳練習中的關鍵所在。這每一個字都具有很豐富的內涵，這裏沒有對其進行全面分析。但點明了關竅核心，起到以點帶面、突出重點、綱舉目張的作用。

掤在兩臂：

兩臂要撐圓，勁氣貫注。雖在兩臂，但全身要成為一個整體，作為兩臂的有效支持。

捋在掌中：

捋有順牽之意，以掌運勁回引，以腰帶動。捋要有分寸感，不可引狼入室，故要控制在掌中，也能靈活變化。

掤　張勇濤演示

捋　崔仲三演示

擠　嚴承德演示

按　李德印演示

擠在手背：

兩手相搭，後手助前手，向外推擠壓送，為橫勁。擠接在将後進行，當對方欲回撤之時，重心失衡，趁機進擊。

按在腰攻：

按為向下、向前、向上三合一的勁力運用之法。以自身腰為樞紐，主攻也是對方腰間核心部位。

採在十指：

採為點拿之法。採住對方勁點、意點。故用「十指」。不在勁力大小，而在於採拿精準。

採　翁福麒演示

200

捌　梅墨生演示

肘　項國員演示

靠　蔣家駿演示

捌在兩肱：

捌為錯分勁，兩臂相對空間移位，斜向運用，腰腿配合之。

肘在曲使：

肘擊要屈臂運用，勁達肘尖。

靠在肩胸：

靠乃以肩背擊敵，前胸要運氣貫勁配合。

進在雲手：

進雖然是步法，但需用手法保護。此處雲手為雙手連續性動作。

退在轉肱：

退步需防敵方進襲，故以轉肱預防化解。

顧在三前：

三前為眼前、手前、足前。不僅顧我三前，還要顧敵三前。

進　周世勤演示

從容退步　邱慧芳演示

顧　劉偉演示

盼　劉偉演示

盼在七星：

「七星」為身體七個部位「頭、肩、肘、手、胯、膝、足」，要互相呼應。

定在有隙：

「定」乃神意氣勁貫注之，要從容尋找敵之空隙、漏洞，集中打擊。

中在得橫：

「中」是我獲得主動，占住正位，其要點在於控制住橫位。

定　翁福麒演示

滯在雙重：

雙重為不分陰陽，滯為不流暢，乃拳病。

中在得橫
馮志強演示

陰陽分清則能避免雙重之病
邱慧芳演示

通在單輕：

既輕靈又能虛實分明則勁氣通達。

虛在當守：

防守時虛位以待，全身鬆空，使敵無從捉摸。

輕靈通達　胡鳳鳴演示

實在必衝：

抓住機會，抓住對方實點，我則可實擊之。

虛在當守　傅清泉演示

實在必衝　李龍舜演示

【原文】

九、五字經訣

披從側方從，閃展無全空，擔化對方力，搓磨試其功。
歉含力蓄使，黏沾不離宗，隨進隨退走，拘意莫放鬆。
拿閉敵血脈，扳挽順勢封，軟非用拙力，掤臂要圓撐。
摟進圓活力，摧堅戳敵鋒，掩護敵猛入，撮點致命攻。
墜走牽挽勢，繼續勿失空，擠他虛實現，攤開即成功。

【心解】

《五字經訣》為太極技擊功用五字訣。對於太極拳的攻防技戰術、手法、身法、功法作了精闢論述，充分體現了太極拳的技擊特點。對太極拳技擊中的化、引、拿、發尤其作了重點闡發。強調虛實相應的攻防如一思想，可稱為太極技擊的系統論。

披從側方從，
閃展無全空。
「披」為側身進擊之法。進中有防，不使自身出現空檔、漏洞。

閃展無空　田秋信演示

擔化對方力，搓磨試其功。

對於敵方來攻勁力，採取不丟不頂之法，在引化中逐步試探其來路、意氣運行方式以及勁力大小。

歉含力蓄使，黏沾不離宗。

會蓄勁、蓄勢才能有效進攻，「黏沾」就是一種蓄的過程。在黏沾中始終要抓住對方的真實勁路、勁點。「歉含」即用勁不可太滿，無過不及，有變通餘地。

謙含蓄使　郝宏偉演示

隨進隨退走，拘意莫放鬆。

「隨」，即捨己從人，放棄主動，形上相隨，敵進我退，敵退我進。「拘意」，即爭取主動，在意上拿住對方。這就是抓住主要矛盾，抓住核心，捨形取意。

拿閉敵血脈，扳挽順勢封。

　　拿閉之法為太極內功點穴、擒拿功夫。扳挽為阻敵剛猛攻勢，關鍵在一「順」字，我順人背，便能封堵其勢。

拿閉扳封　陳照奎演示

軟非用拙力，掤臂要圓撐。

　　太極勁宜柔不宜軟。柔中有剛，為巧，軟則塌，為拙。用掤等方法打擊對方時，勁力要飽滿，手臂撐圓，勁氣鼓蕩。

摟進圓活力，摧堅戳敵鋒。

　　以圓活之力，摧擊對方的剛猛進攻。圓活為立體化勁力，能卸其勁，繼而挫其鋒。

摧堅戳敵　項國員演示

掩護敵猛入，撮點致命攻。

防守之法。敵若傾力猛攻，不與其正面消耗，以迂迴之法進行自我掩護，並探明其虛點，果斷攻擊。「打點法」為太極技擊秘法，拳諺中有「打點不打面」之說。打點一要拿得準，二要勁力整，打擊力度強悍。

墜走牽挽勢，繼續勿失空。

以沉勁破對方對我的牽拿，守中有攻，勁氣要連綿不斷。攻防轉化中不可出現斷點，斷點即為虛點，容易為敵所趁。

擠他虛實現，攤開即成功。

技擊中摸清虛實很關鍵，掌握了虛實點即掌握了對方

勁氣的變化規律，就能掌握主動。透過擠法逼其暴露虛實結構，再進擊其虛處，進行有效打擊，就能取得全面勝利。

　　1958年出版的著名武術家姜容樵、姚馥春著《太極拳八十一式注解》中，收錄有楊班侯傳《五字經訣》，並對其進行了簡單注解，稱一至四句為「接手之法」，五至八句為「沾走要領」，九至十二句為「伺機引拿」，十三至十六句為「化、引、拿、發」，十七至二十句為「攻中有守」。

意 氣 舉 要

──《十三勢說略》心解

　　本文在一些文獻中也稱為《太極拳論》，認為是武禹襄所作，為了和王宗岳《太極拳論》區別開，有的版本中也叫《武禹襄太極拳論》，或者稱為《太極拳總論》。太極拳著名文集《廉讓堂太極拳譜》中將其名為《十三勢說略》。在其他一些版本的《十三勢說略》中，也有些文字與本書收錄的有少量出入。

　　這篇拳論，圍繞「氣」「意」兩大核心要素展開論述，把與之相關的練拳程序、要領分層次逐一解剖，細膩生動。於氣方面，重點論述了「氣宜鼓蕩」「完整一

氣」；於「意」方面，重點解析了上下左右意的運用。實
為練拳的意氣總綱。

【原文】

一舉動，周身俱要輕靈，尤須貫串。氣宜鼓蕩，神宜
內斂。無使有缺陷處，無使有凸凹處，無使有斷續處。其
根在腳，發於腿、主宰於腰、形於手指。由腳而腿而腰。
總須完整一氣，向前退後乃能得機得勢。有不得機得勢
處，身便散亂，其病必於腰腿求之，上下前後皆然，凡此
皆是意，不在外面。有上即有下，有前則有後，有左則有
右。如意要向上即寓下意，若將物掀起即加以挫之之意；
斯其根自斷，乃壞之速而無疑。虛實宜分清楚，一處有一處
虛實，處處總此一虛實。周身節節貫串，無令絲毫間斷耳。

【心解】

一舉動，周身俱要輕靈，尤須貫串。

要輕靈，就要去
掉僵力、拙力。還要
實現「以氣運身」。

「貫穿」此處有
三層含義：第一，練
習每個動作，全身各
部分都要節節貫穿，
一舉動，處處皆動，
完整一體。第二，全
套動作，每個動作之

太極拳要輕靈、貫穿　　和有祿演示

間要自然貫穿，周身輕靈，保持在整個套路練習中。第
三，這個貫穿，更深層次是「氣」的貫穿，每一動，要想
真正做到輕靈，必須以氣貫穿全身。

氣宜鼓蕩，神宜內斂。

氣不能是死水一潭，
必須是隨動作開合而鼓
蕩。如何做到鼓蕩？以靜
致動，靜極而動為正道。

氣的鼓蕩是以神意為
帥的內在生命活動，其
「鼓蕩」亦為內在的鼓
蕩，雖內盈而不溢出於
外，做到這一點必須要神
採內收，達到意氣相合。

氣的鼓蕩和神的內斂
是相輔相成的，如不內
斂，鼓蕩在外，則氣容易

鼓蕩而內斂　關永年演示

散，沒有鼓蕩，只有內斂，氣容易滯。兩者結合，才是全
面。

必須指出，太極拳氣的鼓蕩，是全身的鼓蕩，而非局
部的。

無使有缺陷處，無使有凸凹處，無使有斷續處。

「缺陷處」一是動作不圓滿，或貼身太近，或軟塌鬆
懈；二是氣血不通常；三是意念不到位。「凸凹處」一是

圓融、充盈爲太極之要
孫劍雲演示

動作太散，關節過於直或凹；二是努氣張揚；三是用意過度。「斷續」或者是動作不連貫，或者是意形脫節，此弊端在初學時尤其要注意避免。

有此三種弊病，於健身不能養氣，於技擊易爲對方所趁。

這三點歸結說明了一點，太極拳是圓融、充盈之拳。

其根在腳，發於腿，主宰於腰，形於手指。由腳而腿而腰，總須完整一氣，向前退後，乃能得機得勢。

此段論述了太極拳一個完整、典型的用功、運勁、發力的過程，可以說是「太極拳力學系統工程」。

根在腳要穩固，發於腿要順達，主宰於腰要圓活，形於手指要暢快。說起來是分開的，但做起來是同時的，所以是「完整一氣」

太極拳每一勢都是一項整體系統工程　吳圖南演示

的。得機得勢，即進退左右都能處於主動，靈活自如。

根在腳很關鍵，既要穩固，還要輕靈，落下穩，動時靈，「邁步如貓行」。發於腿，太極拳很多招式在轉換時都有腿的扭轉動作，配合以意念的傳導。

主宰於腰，腰為樞紐，起、承、轉、合由這個樞紐來控制。

形於手指，勁氣要貫梢節。到達了梢節，則能達全身各處，才能鼓蕩起來。

有不得機得勢處，身便散亂，其病必於腰腿求之。

什麼是得機得勢？就是身體處於一種鬆空和諧的狀態。此時，自身氣血通常，意氣平和，在內有頤養之功，在外敵不能侵，侵則失敗，我便是得機得勢。有不得機得勢處，就是這種平衡狀態被破壞了，身自然散亂，這裏身散亂包括形的散亂，氣也散亂。

楊澄甫指出，這種毛病的根源還是出在腰腿上，或根基不穩，或傳導不利，手腳全身配合是亂的。

虛實宜分清楚，一處自有一處虛實，處處總此一虛實。

太極拳中虛實是無所不在的。每一招勢有虛實，每一動作有虛實，每一變化也有虛實。此即「一處自有一處虛實」。招勢與招勢之間也有虛實，技擊中敵方和我也有虛實，每一動作的虛實、整個套路的虛實乃至敵我的虛實變化規律是一樣的。此乃「處處總此一虛實」。分清虛實是太極拳一項基本功，沒有虛實就談不上是太極拳。最難的虛實是形和意的虛實關係。

處處總此一虛實　王二平演示

何為虛、實？虛、實是很複雜的概念，簡單地說，重心所在處，勁力作用處，意念附著處皆為實，反之為虛。

上下前後左右皆然，凡此皆是意，不在外面。

不管形體如何動作，只要一動，都有意的作用。意在內不在外。

有上即有下，有前即有後，有左即有右。如意要向上，即寓下意。若將物掀起而加以挫之之意。斯其根自斷，乃壞之速而無疑。

這段充滿了辯證法味道的文字，是太極拳論中最為精到的關於勁力運用的論述。學者應反覆實踐，細心體查。

單鞭由各種陰陽元素及其變化組成
王培生演示

「有上即有下，有前即有後，有左即有右」指陰陽互根互生，互為一體，形成一個圓。從太極拳動作來說，每個動作，都是由陰陽組成，具體的上下、前後、左右方位也是陰陽，因此每個動作不會出現單一的陰或者陽的情況，有陰勁，必然有陽勁。具體地說，有向前的運勁用意方式，一定有向後的運勁用意方式與之配合。如單鞭，左手為陽，為掌，向前，右手則為陰，為鉤，在後。從技擊方法來說，陰陽元素也相伴隨行，這樣就有了圓活的變化空間。

　　本段後半截具體講述了技擊的方法，具有很強實戰指導意義。即要將敵方向上掀起來，要先向下用意、運勁，挫斷其根本，這樣效率最高，特別在敵強我弱的情況下更

有作用。

周身節節貫串，勿令絲毫間斷耳。

首尾呼應，強調全身形、氣貫穿、連綿的重要性。「勿令絲毫間斷」就是處處不能斷，特別是細微處的連貫更要注意，還要時時不能斷，從始至終，無論練拳還是推手應敵，都不可間斷。

節節貫穿，連綿不斷　張勇濤演示

拳 經 理 學

——陳鑫《太極拳經譜》心解

　　這是一篇非常富於哲理和文采的拳論，充分展現了作者陳鑫的傳統文化功底，在陳鑫的拳論中當排名第一。

　　拳論以四言詩句形式寫成，節奏鮮明，抑揚頓挫，富於音律，讀來朗朗上口，體現出中國古文字的形式美。

　　在內容上，論述了太極拳的眾多方面，既有天地和諧的大道理，也有太極要領的具體規則、太極內功修煉方法、太極拳身法核心要旨，以及太極拳技擊的法要，可為陳式太極拳之拳經總綱，也是各派太極拳學習的重要文獻。其中有許多精彩警句，精闢深奧，透徹入微。

　　鑒於該篇的特殊價值，長期以來在太極拳界並沒有得到應有的充分重視，特予以推介。

　　陳鑫（1849—1929年），著名太極拳理論家，陳式太極拳理論體系的主要構建者之一。字品三，陳仲甡三子，陳氏第十六世。清末歲貢生，祖父陳有恆，祖叔陳有本，俱以家傳太極拳著名。

　　陳鑫自幼習拳，文武兼備，所著《陳氏太極拳圖說》（原名《陳

陳鑫畫像

氏太極拳圖畫講義》）為陳式太極經典之作。該書圖文並
茂，以易理、經絡學說演繹拳學，精純透徹，系統明密，
「其於拳術之屈伸開合，即陰陽闔闢之理，反覆申明，不
厭求詳」。對後來陳式太極拳理法觀點影響極大。本文即
為收錄於該書中的一篇拳論。

【原文】

太極拳經譜

陳　鑫

太極兩儀，天地陰陽，闔闢動靜，柔之與剛。
屈伸往來，進退存亡，一開一合，有變有常。
虛實兼到，忽見忽藏，健順參半，引進精詳。
或收或放，忽弛忽張，錯綜變化，欲抑先揚。
必先有事，勿助勿忘，真積力久，質而彌光。
盈虛有象，出入無方，神以知來，智以藏往。
賓主分明，中道皇皇，經權互用，補短截長。
神龍變化，儔測汪洋？沿路纏綿，靜運無慌。
肌膚骨節，處處開張，不先不後，迎送相當。
前後左右，上下四旁，轉接靈敏，繞急相將。
高擎低取，如願相償，不滯於跡，不涉於虛。
至誠運動，擒縱由余，天機活潑，浩氣流行。
佯輸詐敗，制勝權衡，順來逆往，令彼莫測。
因時制宜，中藏妙訣，上行下打，斷不可偏。
聲東擊西，左右威宣，寒往暑來，誰識其端？
千古一日，至理循環，上下相隨，不可空談。

循序漸進，仔細研究，人能受苦，終躋渾然。
至疾至迅，纏繞回旋，離形得似，何非月圓。
精練已極，極小亦圈，日中則反，月滿則虧。
敵如詐誘，不可緊追，若逾界限，勢難轉回。
況一失勢，雖悔何追？我守我疆，不卑不亢，
九折羊腸，不可稍讓；如讓他人，人立我跌。
急與爭鋒，能上莫下；多占一分，我據形勝，
一夫當關，萬人失勇。沾連黏隨，會神聚精，
運我虛靈，彌加整重。細膩熨帖，中權後勁，
虛籠詐誘，只為一轉；來脈得勢，轉關何難？
實中有虛，人己相參；虛中有實，孰測機關？
不遮不架，不頂不延，不軟不硬，不脫不沾，
突如其來，人莫知其所以然，只覺如風摧倒，
跌翻絕妙，靈境難以言傳。試一形容：
手中有權，宜輕則輕，斟酌無偏；宜重則重，
如虎下山。引視彼來，進由我去；來宜聽眞，
去貴神速。一窺其勢，一覘其隙，有隙可乘，
不敢不入，失此機會，恐難再得！一點靈境，
為君指出。至於身法，原無一定，無定有定，
在人自用。橫豎顛倒，立坐臥挺，前俯後仰，
奇正相生。迴旋倚側，攢躍皆中。千變萬化，
難繪其形。氣不離理，一言可罄。開合虛實，
即為拳經。用力日久，豁然貫通，日新不已，
自臻神聖。渾然無跡，妙手空空，若有鬼神，
助我虛靈，豈知我心，只守一敬。

【心解】

太極兩儀，天地陰陽，闔闢動靜，柔之與剛。

此句有的版本作「合開動靜」。「闔」，關閉，「闔闢」為開合之意。太極分陰陽兩儀，天地萬物變化莫不在其中。動靜、開合、剛柔為陰陽變化的基本重要形態。

太極拳參天地陰陽合於生命

屈伸往來，進退存亡，一開一合，有變有常。

事物始終處於動態平衡中，陰陽的平衡點就是規律，為「常」，陰陽的互動就是「變」，形體的屈伸、攻防的進退、事物的興亡、拳勢的開合等都源自於陰陽的變化。

虛實兼到，忽見忽藏，健順參半，引進精詳。

太極拳有實有虛，虛實分明，虛實互換謂之「兼到」。「見」「藏」為顯、隱之意，拳法的陰陽變化莫測。「健」為乾，為陽，「順」為「坤」，為陰，「健順參半」為剛柔相濟之意。「引」為引發，「進」為內動，太極拳內外並修要精微細緻。

虛實兼到　健順流暢
傅清泉演示

或收或放，忽弛忽張，錯綜變化，欲抑先揚。

拳勢的變化複雜無窮，拳法的應用也錯綜多樣，其中包括了收、放，張、弛等方法，行拳要懂得揚、抑之道。拳術為變化之道、平衡之道，能在變中獲得平衡，就是圓融之境。要抑制一種因素，要先讓其充分張揚，其盛也衰，其衰必速。

必先有事，勿助勿忘，真積力久，質而彌光。

能捨己從人，以靜制動，而能後而先發。把握勁力、意念的度很重要，不運用過度，不妄行，有效使用自身的能量，但也不能不足，在充分中享有自由的運作空間。真氣需養，養為自然積累，日久真氣、內勁逐漸充盈，這樣自然養成的內功才是渾厚透徹、運行無礙的。

「勿助勿忘」亦為內功鍛鍊之法，勿助即不可用力、

用意過度，不急躁。勿忘，乃鬆中有緊，若即若離。

盈虛有象，出入無方，神以知來，智以藏往。

此四句為本拳經點睛之言。太極拳諸般玄機妙處都在此中。月有陰晴圓缺，海有潮漲潮落，盈虛的更替是自然萬物的普遍現象，也是人的生命現象。順應變化，把握深層規律，乃立足取勝之道。「方」為定式，行拳、應敵都不要受定式羈絆，大道無形。能夠超越形式，直通本原，感知往來變化消息。此謂「神」「智」層次，是一種高度自如的境界。神、智得之於靜、虛，運用時需無形無象，如此便能摒棄雜質，獲得純淨。行拳乾淨質樸，應對簡明深刻。

盈虛有象　神智藏拳　楊振鐸演示

賓主分明，中道皇皇，經權互用，補短截長。

賓主即為虛實，虛實在中，中正為天下宗。中為系統平衡之核心，居核心能調度八方，使得各種元素發揮其最

大效能。練拳要能在遵循太極拳基本原則的基礎上通曉變化，把拳練活。明瞭自身長短，發揮優勢，彌補不足。此也為「知己」的功夫。

神龍變化，儔測汪洋？沿路纏綿，靜運無慌。

變化是絕對的，不變是相對的。行拳有招，應

神龍變化　矯健莫測
劉綏濱演示

對無招，臨敵的變化紛繁複雜，如同神龍見首不見尾。需以無招勝有招，如大海波浪，浩瀚莫測。靈活的變化以內功修煉為根基，行拳練氣以靜為要，從容運轉，細膩連綿。

肌膚骨節，處處開張，不先不後，迎送相當。

氣斂入骨，全身鬆開，人天合一，內外通達。內知己，外知敵，能體會到環境細微的變化，就能做到時機把握恰當，勁力也運用恰當。

前後左右，上下四旁，轉接靈敏，繞急相將。

審勢、順勢是太極拳兩大基本功。「聽勁」為審勢，引進落空、隨曲就伸為順勢。聽勁靈敏是順勢的基礎。太極拳應對是立體化的，四面八方，如同球體，對方急來我急應，緩來我緩應。

高擎低取，如願相償，不滯於跡，不涉於虛。

太極拳守中用中，不管高低、往來，對方如何變化，我能守中，自能應付裕如。守中為守住心意之中，無論虛實如何變化，都不受其影響。

至誠運動，擒縱由余，天機活潑，浩氣流行。

太極拳是一種至誠運動，行拳有誠意，不虛浮，不躁動。靜心澄慮，健康活潑。如此，則人有正氣，拳有內氣，天地浩蕩，我能自如。

天機活潑　浩氣流行
陳小旺演示

佯輸詐敗，制勝權衡，順來逆往，令彼莫測。

拳者，權也，權衡之道。戰術是陰陽變化的具體應用，示敵以弱，開之以利。隱藏實力，避實就虛，使敵無法瞭解我之真正實力。

因時制宜，中藏妙訣，上行下打，斷不可偏。

因時制宜，因地制宜，因敵制宜，時、空、人物、環境、強弱等因素可以不斷變化，「中」的原則不變。「中」就是陰陽平衡的狀態，太極拳練的就是這個「中」字。太極圖中的弧形線描述的就是「中」，乃不可偏離的平衡點。

聲東擊西，左右威宣，寒往暑來，誰識其端？

太極拳技擊妙在無形，其招勢變化以內功為基礎，純任自然，如同四季交替，無形無象又無處不在。

千古一日，至理循環，上下相隨，不可空談。

千年乃一日之往復，百招乃一勢之循環，一通百通，一隨俱隨，明其理還要體其用。太極拳是實踐科學，空談難以登堂入室。

循序漸進，仔細研究，人能受苦，終躋渾然。

「渾然」之境，一為質樸，沒有虛浮；一為整體，不可瑣碎；一為淡靜，不可強求；一為天成，不能取巧。要達到「渾然」之境，要在掌握要領前提下，循序漸進地刻苦用功，還要注意用心體會。

疾迅藏於迴旋之中
劉晚蒼演示

至疾至迅，纏繞回旋，離形得似，何非月圓。

太極拳為弧形運動，在回旋中增加速度的效能。在纏繞中提升勁力的質量。圓轉如環，飽滿如月，似虧實圓，無跡無端。

精練已極，極小亦圈，日中則反，月滿則虧。

強弱、虛實、形氣的轉化體現在每一個拳勢中。太極拳由大圈而小圈，由小圈而無圈，是一個內功不斷增強的練功程序。力量的變化規律是盛極而衰的過程，如日、月循環交替。把握了其中的關鍵轉換點，就掌握了主動。

敵如詐誘，不可緊追，若逾界限，勢難轉回。況一失勢，雖悔何追？

技擊是鬥智鬥勇的藝術，引進落空為誘敵之法，貪功冒進就容易上當受騙。偏離開「中」，就將主動權交給了對方，我則失「勢」，一旦失勢，很難扭轉。避免受敵詐誘的關鍵，在於練就「不動心」的涵養功夫。

我守我疆，不卑不亢，九折羊腸，不可稍讓；如讓他人，人立我跌。

我「疆」就是我能掌握主動權的勢力範圍，太極拳行功的「中定」狀態，就是把握主動權的尺度。處處不留漏洞，練拳不使有凹凸處，細小的漏洞就會帶來全局的被動。太極推手中我為一旋轉的圓，任何進來的雜質都被拋出，如容忍一點灰塵進入這個系統，整體的運轉就會失衡。

行功守中，不留凹凸
崔秀臣演示

急與爭鋒，能上莫下；多占一分，我據形勝，一夫當關，萬人失勇。

　　太極拳慢練快用。一旦交手，毫不遲疑，迅猛快捷，牢牢佔據主動。占了先手，則事半功倍。

沾連黏隨，會神聚精，運我虛靈，彌加整重。細膩熨貼，中權後勁，虛籠詐誘，只為一轉；來脈得勢，轉關何難？

　　推手運勁之法，神要聚，意要靈，身要空，氣要和，勁要沉，如此，太極拳的各種技術方法才能充分發揮作用。臨敵之際，先虛後實、由虛到實的轉換之時，就是我掌握主動之時。

實中有虛，人己相參；虛中有實，孰測機關？

　　虛實變換在行拳和應用中處處時時都存在。把握好虛實的關係是掌握太極功夫的一個重要關鍵點。在絕大多數時候，是虛實相間的狀態，即實中有虛，虛中有實，不可完全實或者完全虛。

　　虛實可以指敵、我，虛實相間就要知我也要知敵。也可以指意、形、氣，要把握形氣的關係，

虛實之間　形意無跡
李經梧演示

有時意實形虛，有時形實意虛。也可以指形、勁，形虛而勁實，或形實而勁虛。

不遮不架，不頂不延，不軟不硬，不脫不沾，突如其來，人莫知其所以然，只覺如風摧倒，跌翻絕妙，靈境難以言傳。

要實現「突如其來」的效果，須有「莫測」的功夫。要形無跡，意無跡。形無跡，要練鬆、空功夫，意無跡，要有虛、靜的修為。

遮架、頂延、軟硬、脫沾皆為技法上的功夫，進入內功層面，無需招法，以功打勁，以勁破招。

試一形容：手中有權，宜輕則輕，斟酌無偏；宜重則重，如虎下山。引視彼來，進由我去；來宜聽真，去貴神速。

太極拳知「輕重」而懂「緩急」，知對方來勢之輕重，以及我應對勁力之輕重，當輕則輕，當重則重。瞭解對方的真實意圖，進可緩聽，去要快速。

太極拳知慢易，知快難。從慢處知快為真快。太極拳用柔易，用剛難，以柔處出剛，則無堅不摧。輕柔如雲，剛猛如虎，才是太極拳真諦。

太極拳知慢至快
孫永田演示

一窺其勢，一覘其隙，有隙可乘，不敢不入，失此機會，恐難再得！一點靈境，為君指出。

得機得勢，還要能善用機勢。發現敵之漏洞，毫不猶

豫，真正的機會往往稍縱即逝。

至於身法，原無一定，無定有定，在人自用。橫豎顛倒，立坐臥挺，前俯後仰，奇正相生。迴旋倚側，攢躍皆中。

「無定」是在掌握了「有定」之後的自如。拳招可變化千萬，有「定」之後舉手投足都是拳。「定」的守則一是「奇正相生」，一是「拳不離

身法奇正相生　呂德和演示

中」。「定」即為法度，法乎中，但形不拘泥於中。這是高層次太極拳的心法。

開合拳經　馮志強演示

千變萬化，難繪其形。氣不離理，一言可罄。開合虛實，即為拳經。

學拳也不要局限於形，形永遠無窮無盡。無限數量的「形」從屬於「理」，理是簡單而深刻的。在理的指導下，以氣馭形，重點掌握開合虛實的關竅，即得太極拳根本。

用力日久，豁然貫通，日新不已，自臻神聖。

拳練千遍，其義自現。日日練拳日日新，這是不斷進步。等到日日練拳日日空的時候，便豁然貫通了。

渾然無跡，妙手空空，若有鬼神，助我虛靈，豈知我心，只守一敬。

拳練到無形，為虛靈之境。處處皆手，又處處無手。練拳乃修心之道，以敬為要，敬天地，尊重自然規律；敬父母，尊重生命；敬拳道，靜心體悟；敬自己，勤勉不懈；敬對手，激勵促進。有了敬意，時時能保持中正的狀態，此為陰陽和諧之根基。

渾然無跡　自然天成

內 功 心 印
——《授秘歌》心解

　　《授秘歌》是一篇微言大義的太極拳歌訣，有的版本作《授密歌》，在很長一段時間內沒有得到應有的重視，流傳範圍也不廣。後來一經傳出，被太極行家視為珍寶。

　　相傳為唐朝李道子所傳，全訣共八句，每句四字。故又稱「八四秘訣」，有的文獻中還名其為「太極拳綱目解」「太極拳全體大用」等。

　　《授秘歌》的流行，與著名太極拳家吳圖南先生有密切關係，他不僅對《授秘歌》十分推重，經常講解、引用其歌訣，還在《授秘歌》廣泛傳世中發揮了重要作用。

　　吳圖南弟子黃震寰先生在文章中記載了吳老發現和傳播《授秘歌》的過程：

　　「大約在清光緒末年（1908—1909年），吳老從朋友張熙銘處得到了一本《宋氏家傳太極功源流支派論》。後又在京城結識了一位叫宋書銘的老先生，自稱是宋遠橋的後人。他也有一本書叫《宋遠橋太極功源流支派論》，兩本書只是書名『宋氏家傳』和『宋遠橋』之別，其內容完全相同，說明這本書確是宋遠橋在明時和張三豐學太極拳時所記載的東西。書中記述宋遠橋和俞蓮舟同遊武當山，遇『夫子李』授以秘歌，遂得全體大用焉。吳老得到《授

秘歌》後，首先想到兩位老師，就傳抄給吳鑑泉先生和楊少侯先生。後又接連傳抄給當時頗有名望的太極拳名家紀子修，紀先生是凌山的學生。後又給許禹生先生等人，然後再擴大傳播到社會上的太極名家之手。」

現在有越來越多的拳家、學者對其進行論述、解讀，成為修煉上層太極內功的重點研讀拳訣。

《授秘歌》為闡述太極拳內功修煉與境界的傑作。文字不多，但涵義深邃，雖不涉及具體練習方法，但拳學大要蘊含其中，屬心法大綱。學者需反覆揣摩，用心感悟，並隨著功夫的不斷加深，體會也不斷深化。

【原文】

　　無形無象，全身透空；
　　應物自然，西山懸磬；

> 虎吼猿鳴，泉清河靜；
> 翻江攪海，盡性立命。

【心解】

無形無象

太極拳是有形的，動作招勢就是形，開始練習必然要有形，有形才有載體，承載太極內功、理法的資訊。

太極拳練到高級境界必然要「脫形」，擺脫形式的束縛，要更多關注要領。如同水，有形的層次是放在固定容器中，呈現確定的容器形態，但水又是無形的，放在不同容器中，形態就不一樣，從這點上來說，水是無形的。不同流派的太極拳「形」是不一樣的，但要領是一樣的。比如都要求「圓轉柔和」「中正安舒」等。要領就是太極拳的「象」。

形是一個層次，象又是一個層次，「無形」還要「無象」。

要領還是一定的規矩，練太極拳依照規矩是必經之路，只有要領正確，才能體會到太極拳所要達到的生命狀態。但規矩往往也是一種負擔，到了一定的階段，需要消除負擔帶來的緊張點，就是要到

無形無象　真妙乃生
董英傑演示

234

「無象」的層面。

　　無形無象，並不是不要形、不要象，而是心中已無形、象，舉手投足皆為形、象。

　　做到了「無形」並且「無象」，太極拳才進入了「空靈」的境界，諸般妙處油然而生。

全身透空

　　用佛教的一首著名禪詩「身非菩提樹，心非明鏡台，本來無一物，何處拂塵埃」作為本句的注解最為恰當。身體空了，於養生而論，消除了「不通」。中醫講「不通則痛，痛則不通」，就可減少疾病，培養元氣。於技擊而言，使敵方勁、意無著落點，無法加諸我身，我的出手也無固定形態，且了無痕跡，實現王宗

鬆空虛靈，太極之妙
汪永泉演示

岳《太極拳論》所說的「人不知我，我獨知人」的境界。

　　吳圖南先生說：「全身透空對自己來講，任何一個東西都不能加在我們的身上，就叫全身透空。」進一步又說：「這樣全身透空之後，我們就一目了然了。」

　　太極名家汪永泉先生在《楊氏太極拳述真》中論述這種技擊層面時說：「無形無象，全身透空，指的就是功夫高超者在推手勝人的外形看不出有多大動作，招式越化越

小，以致給人的外形動作消失之感，而其自身則感到輕靈通暢即進入化境境界。」

應物自然

規矩是自然的，太極拳的所有要領、規矩的原則就是符合自然，如果達到了自然狀態，就可以脫開規矩，到了「應物自然」，才可「直指人心」。以「應物自然」的標準來衡量、判斷太極拳的優劣是一個重要尺度。凡是違反自然狀態的，練習

應物自然得大道　李經梧演示

久了就會產生問題。當然，判斷何為「自然」狀態又是一門功夫，長期形成的「習慣」不等於自然。自然是先天的本源狀態，是客觀規律。老子在《道德經》中所說「專氣致柔，能嬰兒乎」，就是這種狀態。

吳圖南先生在《太極拳之研究》一書中說：「太極拳講的應物自然，主要是能夠捨己從人，就是在對待時自己毫無主動的意思，一切都服從客觀規律，不管敵人怎麼來，要緊的是引導他讓他合乎咱們的規律，就是敵人任其有千變萬化，都不能離開咱們的太極原理，把它吸入到咱們的原理裏邊來才叫應物自然。」

西山懸磬

「磬」為古樂器,其性有二,一為中空,二為端正。在鬆空狀態下做到身體端正,頭向上虛虛領起,氣向下自然沉固,脊柱為懸樹狀態,如此便能神意飽滿,無礙暢行。

王培生先生認為「西山」為前胸,「西山懸磬」乃含胸、虛心之意。

鬆空端正　趙幼斌演示

虎吼猿鳴

此句一解為調息之法,「虎吼猿鳴」為比喻性描述,虎吼之所以聲音雄壯、傳音悠遠,因其吼聲發自內裏深處,練拳調息也要深達身體內部,不可只在嘴、喉表層,這樣才能起到身體內外氣息充分交換的目的。猿鳴,細而長。在中國古典詩詞中,「猿鳴」已經成為一種意象,長鳴回環,盪氣迴腸。太極拳調息細勻深長即為此理。

此句另一解為內功修煉法門,陰陽和諧,水火既濟指意,「虎」「猿」皆為內丹術語。

虎吼之勢　盪氣深長

泉清河靜

泉為心，河為氣脈、經絡等人體內循環系統。此句講述太極拳的內丹練習方式與境界。中國古典內丹術中經常以「河」比喻氣路，如有內功鍛鍊圖名為「河車轉運圖」，內丹理論稱「一氣周流，謂之河車」。太極拳理法與道家內丹有很大相通之處，太極拳就是一種內功拳，在動態運動中，保持神

太極拳是內功拳　翁福麒演示

氣意的純淨狀態，促使內氣自然周流運轉，以外動觸發內動，這是太極拳以動致靜、動靜相生的妙處。

氣運百骸　徐憶中演示

翻江攪海

此句一說指內功鍛鍊的攪舌吞津之法。太極拳達到了內功修煉的層次後，會隨著練習口中不斷產生很多津液，在傳統養生術中稱之為「寶」，有吞津養生之說。在吞下之前，在口中輕輕攪動若干周。此種內功狀態下產生的津液有滋養臟腑之效。

「翻江攪海」就是形容這一過程。

另有一說為描述內氣周轉運行的態勢。「海」為「氣海」，此句指鼓蕩丹田，氣運百骸。

《授秘歌》還有一種版本流傳，最後兩句多了八個字，全文為：

> 無形無象，忘其有己。
> 全身透空，內外合一。
> 唯物自然，隨心所欲。
> 西山懸磬，海闊天空。
> 虎吼猿鳴，鍛鍊陰精。
> 泉清水靜，心死神活。
> 翻江攪海，元氣流動。
> 盡性立命，神定氣足。

太極拳性命雙修　金一鳴演示

其中「翻江攪海」後面加上了「元氣流動」，表明所指含義。但研究家多認為後面兩句多的八字為後人所加，不是真本。

盡性立命

性命雙修為養生大道。性功主修心性、思維；命功主修體魄臟腑，二者不可偏廢。只注重性功則神意漂浮，無舍可

安，只注重命功則形體無主，容易衰弱。

動靜結合而致動靜相生為性命雙修之妙法。太極拳正是這樣的優秀鍛鍊方法。「盡性立命」為全面的鍛鍊原則，也是太極拳鍛鍊的目的。

此歌訣還有白話版本流傳，算是對它的一種理解注釋，也收錄於此，大家可以作為研究參考。

> 忘其有己，內外如一。
> 隨心所欲，海闊天空。
> 鍛鍊陰精，心死神活。
> 氣血流動，神充氣足。

【三名家解析《授秘歌》】

《授秘歌》的文字具有多義性，其思維結構也是開放的，很難用一種觀點來將其涵義固定下來，每個人根據自己的練功實踐都可以有獨特的感悟。重要的是突破文字形式，體悟關鍵。

近年來對《授秘歌》的研究文章很多，許多人將其作為自己修煉太極拳的指導性文獻。這裏特精選其中三篇具有代表性的名家注釋，供大家研摩。

（一）黃震寰論《授秘歌》

太極拳家黃震寰先生曾撰寫長篇文章介紹《授秘歌》，為研讀該文具有代表性的文章，其文論解翔實，體悟深刻，源於實踐，歸於理法，是悟解《授秘歌》的重要參考文章。原文較長，特選輯其中精彩內容收錄如下。

太極拳修煉的完整過程是「煉精化氣」「煉氣化神」「煉神還虛」和「煉虛合道」。煉內注重「精氣神」，煉外注重「筋骨皮」。其首要放鬆入靜，凝神聚氣。然後煉神修性、煉氣安身立命。所以太極拳不僅只練拳藝，更要進行「性命雙修」「內外兼練」「形神合修」，最後達「性命合一」「神氣合一」而返還到「太極」，「太極」再返還

太極名家黃震寰

到「無極」。無極虛空與道合真乃大道之修。太極拳的上層功夫是「無形無象」，因為「大道無形」「拳和道合」。《授秘歌》是太極拳的內煉秘訣和全體大用。太極拳《授秘歌》的內涵是極其豐富的，其意義也是深遠的。太極拳的外形運動只是太極拳鍛鍊的初級階段。但外形鍛鍊也要達到「鬆、靜、柔、軟、圓、輕、慢」。只要經過不懈的努力，都可以收到健體強身的效果。這就是之所以太極拳能這樣普及的原因。但是太極拳的高層次的修煉要修道悟理，要進行性命雙修、形神互修，還要內外兼煉，以達到不僅身心輕安，還要修道養壽長生以及獲得內功，進而能實現高層次技擊的防身之效果。

太極拳《授秘歌》雖短短的四字八句，但內容非常豐富，它告訴我們修煉的方向是大道之修，而非小道末技之求。它告訴我們要懂得「有無相生」和「動靜相因」的重要性。它告訴我們要進行的是「還原之修」，即要從「陰

陽兩儀返太極，太極返無極」。文中明確指出其目標和歸宿是「盡性立命」，原理和應用是「無形無象」，身心修煉和技擊實用是「全身透空」，應事接物和防身接手要「應物自然」，修煉方法要「西山懸磬、虎吼猿鳴」，其效果是「泉清河靜，翻江攪海」。

1. 無形無象

「無形無象」描述的是「大道至無之修」「太極混沌之煉」。「無形無象」即是「天地未開」的「至無至極」的「無極」狀態，又是太極混沌、陰陽未判的太極狀態。

太極源於道家，其理論根據是老子的五千言《道德經》。《道德經》集道家的大成，講的是「修道養壽」的學問。同時《道德經》又被稱為是一部兵書。唐代王眞說：「五千之言未常有一章不屬意於兵也。」王夫之說：「言兵者師之。」可知老子五千言《道德經》既講「修道養壽」的學問，又講「兵」的學問，這不就是太極拳修煉和太極拳兵技的理論根據和實踐嗎？

（1）大道之理

《道德經》第十四章講「道」是「無形無象」「無始無終」，是「天地之始，萬物之母」。《道德經》第十一章指出「無」是根本的，「道」即「無」。《道德經》第十四章：「天下萬物生於有，有生於無。」這

一章說明「無」是道之體，「有」是道之用。天下萬物生於有，有生於無，最後「有」又歸於「無」，這「無」就是道的本體。所以修道之法是「無形無象總歸無」。《道德經》第二章：「有無相生。」這一章說明修「無」能生「有」，「有」終須歸「無」，這就是修道的根本。《道德經》第四章：「道沖，而用之或不盈。」這一章說大道是虛空無形無象，但它的作用是無盡的。

以上說明大道是無形無象，一切生於無，一切又歸於無，有了「無」其作用是無盡的。練太極拳也只有「無形無象總歸無，有無相生有歸無」，才能有成就。大道要以「虛無為體」，所以太極拳之修煉亦要以「虛無為本」。

(2) 太極之理

太極與無極的關係，在《道德經》裏亦說得非常清楚。《道德經》四十三章：「道生一，一生二，二生三，三生萬物。萬物負陰而抱陽，沖氣以為和。」司馬光曰：「道生一，自無而有，一生二，分陰分陽，二生三，陰陽交而生和。三生萬物，和氣即合而生萬物。」周敦頤的《太極圖說》中說：「無極而太極，太極動而生陽，動極而靜；靜而生陰，靜極複動，一動一靜，互為其根。分陰分陽，兩儀立焉。」吳老在《太極拳之研究》一書中說：「無極而太極，就是在無極裏面含有一個昭然不昧的本體，這個東西就是太極。」

上述諸文所共識的「道」即無極，「一」即太極，「二」即是陰陽，陰陽即神氣，神氣就是性命。陰陽可分，「一」不可分。因而「一」是不可見，不可說的，可見可說的不是「二」就是「三」。所以「無極者」為

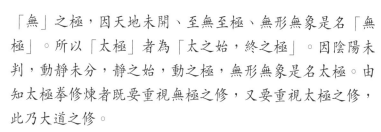

「無」之極，因天地未開、至無至極、無形無象是名「無極」。所以「太極」者為「太之始，終之極」。因陰陽未判，動靜未分，靜之始，動之極，無形無象是名太極。由知太極拳修煉者既要重視無極之修，又要重視太極之修，此乃大道之修。

（3）眾妙之門

《道德經》第一章為經文的總綱總則，為修煉的總要領。它既提出了道的總概念，又提出了修道的理論原理，是修道的眾妙之門。

《清淨經》曰：「大道無形，生育天地，大道無情，運行日月，大道無名，長養萬物，吾不知其名，強名曰道。」這樣我們就可弄清楚該文的精粹了。

我們明白了上述修道的理論後，就可以在太極拳的修煉中貫徹。進而在《道德經》的第二章看到「有無相生」的論點。在第四十章中說得更明白：「天下萬物生於有，有生於無。」所以在修煉太極拳時，千萬不要忘了「修無觀有」「煉有歸無」的「有無相生」和「有生於無又歸於無」的修煉原則和方法。這是真口訣、真理論，莫要輕視。

《道德經》中的以下幾章又提供了修煉的方法。《道德經》第十六章告訴我們：「致虛極，守靜篤。」意思是說讓心境達到徹底的虛靜空明，讓身心達到高度的清靜無為。《性命圭旨》裏說：「心中無物為虛，念頭不起為靜。」張其淦說：「虛能極，靜能篤，然後悟道，即是無，可以觀萬物之變。」《道德經》第四十八章告訴我們修道要天天去除心識心機：「為道日損，損之又損，以至

於無為。無為而無不為。」《道德經》第十六章告訴我們要歸根復命：「夫物芸芸，各復歸其根。歸根曰靜，靜曰復命。」《道德經》第十章指出要精神抱一，專氣致柔和清除雜念：「戴營魄抱一，能無離手？專氣致柔，能如嬰兒乎？滌除玄鑒，能無疵乎？」

張三豐在《道言淺近說》中指出：「大道以修心煉性為首。」「修心者，存心也，煉性者，養性也。」《修道真言》：「大道之妙，全在凝神處。」《金仙證論序》：「欲修大道者，理無別訣，無非神氣而已。」《易外別傳》：「內煉之道，貴乎心虛，心虛則神凝，神凝則氣聚，氣聚則興雲為雨與山澤相似。」張三豐《道言淺近說》：「凝神調息，調息凝神八個字就是下手功夫。」「心止於臍下曰凝神，氣歸於臍下曰調息。」《韓湘寶書》：「大道全憑靜中得，豈在貪謀意外得。」《莊子‧天道》：「夫虛靜恬談，寂寞無為者，萬物之本也。」

所以說要修無、歸無，關鍵在於入靜、凝神、調息，聚氣於臍下，這是下手的初步功夫。

（4）大道太極拳

太極拳修煉的上層功夫是「無形無象」。太極拳的一般練法也即初級練法只要把套路練熟，招法練精，動作連貫，呼吸自然，進而達到拳盤得圓活，輕靈活潑。經過幾年的鍛鍊，也能收到

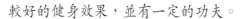
較好的健身效果，並有一定的功夫。

這一階段稱為養身壯精的階段。但這時還不會推手，即使練過推手，也只是力與力、勁與勁的對抗，這時尚未進入內氣的修煉階段。

太極拳的高級階段要進入練精化氣、煉氣化神的修煉。那麼一般的鍛鍊和修煉的區別在哪裏？由外形形體之動帶動拳式進行的任一動作皆鍛鍊。其結果會是雙重的，練法是後天的；由神和內氣做主導帶動拳式動作進行的，任一動作皆修煉。其特點是「神主行、氣主動，軸主形」。表現為身不妄動，手不妄動。

「動則至微」，也就是說讓人覺得行拳似「靜中觸動動猶靜」「神凝氣聚形不散」「動則歸靜靜歸無」。這種形不妄動、心無妄象、由內氣發動之動、動而歸靜的練拳法就是無形無象的大道之修。《孫子兵法·虛實》中說：「微乎微乎，至於無形，神乎神乎，至於無聲。」所以這種以神主行、以氣主動的修煉必定是元神歸位、識神退位、元氣流動的後天返先天之修。所煉出的功也是先天功。

（5）太極推手

京城已故太極名家汪永泉先生說：「如果只練拳架不練推手，內氣得不到疏散，如果只練推手不練拳架，內氣得不到補養。」所以太極推手在雙方沾黏連隨、互相推挽的過程中達到「外練身手腰腿步，內煉精氣神意功」。如果將內氣滲透到對方體內時，就可以起到內按摩的作用，同時可以疏通經脈血液，而體內將會感到溫暖舒適和愜意，這就是養生推手的效果。還有，如果推手時會用內氣，就不會有「頂」和「抗」的感覺。

太極推手的修煉也要達到無形無象的層次。如果太極推手以外形的形體變動來操作或靠形動來發動者，任一操作皆非修煉。如果太極拳推手的操作不以形動而以內氣發動者，任一操作皆修煉，所以稱養生推手。

如果你的推手是用力或用勁來實現的，那麼，最後只能落為一介武夫。楊澄甫先生的推手約言「動之至微，化之至順，引之至長，發之至驟」，就是上層的推手功夫。當太極推手能無形無象時，就能「寂然不動，感而遂通」，因而能「一羽不能加，蠅蟲不能落」「人不知我，我獨知人」。

太極推手的無形無象表現為，其身不妄動，手不妄動，靜定而捨己從人，無過不及。功夫有素者可以不式不招。例如，當你伸手接他的手，想試他或問他的勁時，他的手不伸不屈，不轉不彎，腿腳不蹬不伸，似乎靜定在那裏一動也不動，此時只要你使勁，你就會感到有場能過來了，不僅如此，他的內功透過你手的接點源源不斷地傳過來。

2. 全身透空

不只是無形無象，還要進行全身透空的修煉。透空者是說要「身空、心空、內空、外空」，這樣才能「徹內徹外，無內無外，內外一如與太虛同體」。身空者，指體內無阻無塞、無僵無滯、管道通暢而無阻塞之處。所以身空乃能通氣，內功乃能外放。心空者，心內無物無念。無物才能心空，無念才能心虛。所以《性命圭旨》曰：「外觀其身，身無其身，曰身空。內觀其心，心無其心，曰心空。」又曰：「心空無礙，則神愈煉而愈靈，身空無礙，

則形愈煉而愈清，直煉到形與神而相涵，身與心而為一，方是神形俱妙，與道合真也。」內空者，指身內心空體空，虛無縹渺，空空洞洞，無內無外。外空者，指身體之外界空間為一片虛空，「放之則彌六合」。身空心空內空外空，再加上身內之氣空乃真透空也。氣空者，氣散即空也，氣之能聚，也應氣之能散。

《道德經》第十三章云：「吾所以有大患者，為吾有身，及吾無身，吾有何患？」說的是我有個濁身是個大患，心裏裝著很多東西，身體背上很多包袱，生活緊張，壓力很大。不如老子說的「多聞數窮，不如守中」，就是說見聞愈多，想的愈多，愈是潦倒，不如保持清靜，抱中守一好。抱中守一就是修煉，當你能將身心修到虛空時，就沒有後患了，因為只有虛空不壞。

那麼，怎樣修煉才能漸漸進入全身透空呢？《道德經》中告訴我們要致虛守靜、清心寡慾，清除雜念是最好的入門之路。

《黃帝內經·上古天真篇》中說：「恬淡虛無，真氣從之，精神內守，病安從來？」《易外別傳》說：「內煉之道，貴乎心虛，心虛則神凝，神凝則氣聚。」太極拳前輩大師們都要求後學者在「空」字上下工夫，郝少如說：「要使身體的肌肉、骨節鬆開還比較容易，但要達到空的境界卻很難，因此必須在『空』字上下工夫。」

具體地說，你必須把身上原有的僵勁、拙力消掉，最難的要把身上長期習慣養成的濁勁濁力消去，還要把身上的剛氣清除，有些人還要下決心把練在身上的「內貫勁」消除掉。不要貫內勁，要內氣，由內氣外放成場能。很多

人練的方法不對，練外力結果成了外棍、外板。練內勁結果成了內棍、內板，成了對方可以利用的棍板工具了。要把「棍子手、棒子腿、板子身」全部融化了，才能達到初級的身空效果。進一步要使腳下的根虛淨了，從而感到身子有騰起的效應。這樣根能虛飄，神能虛領，身能虛空，心中不裝一物，清淨無為，這時全身圓融無礙，內外如一了。這就是太極拳的全身透空。

全身透空以後，就可以達到「五無」的效果。這「五無」指的是「無形、無象、無根、無源、無點」。無形指身形不動或微動。無象指心無象、心無作為和心無相，順其自然，捨己從人。無根指身上無力根。無源指身上無勁源。無點指身上無滯點。只有全身透空了才能實現「五無」。

全身透空之後，身上就像「空谷效應」那樣，其內勁的外放不要透過「傳導」方式，而是變成「感應」的方式了，因為用的不是內勁而是內氣，這就符合「同聲相應，同氣相感」的原理。

3. 應物自然

應物是指修煉中和日常生活中應事接物。在太極推手中還包括「應招接手」。不論在修煉中或在推手中應物都要捨己從人，純任自然。《呂祖百字碑》中說：「真常須應物，應物要不迷，不迷性自住，性住氣自回。」說的是指悟真的人，要以平常心去應事接物，應事接物要不迷凡，不動心，就是說要不貪、不執、不欲，這樣心性就湛然而清靜無為，就能凝神聚氣而不受傷害。道家稱「動處煉性」，即是說在各種紛繁的應事接物的事務中能靜下心

來磨煉心性。我們常聽說要「應物無心神化速」，即當應物無心時，萬事萬物都會返回，不化而自化，所以應物要純任自然。

吳圖南老師說：「煉到無形無象、全身透空的地步，然後才可以去應物自然。如此才是不用顧盼擬合，信手而應，縱橫前後，悉逢肯綮，到達恰如其分的地步。這主要

吳圖南太極拳勢

是首先對我們身體內外，表裏精粗無微不至的所謂意氣為君，骨肉為臣，延年益壽常在了，這是太極拳的真正目的。」這些都要透過長期的靜定功夫後得到的。吳老又說：「苟靜定之時，謹其所存則一理常明，虛靈不昧，動時自有主宰，一切事物之來，俱可應也。故靜定功夫純熟，則有不期然而然者，自然至此無極真機之境，於是乎太極拳之妙應既明，天地萬物之理悉備於我也。」所以吳老竭力倡導靜定功夫之修煉，並且第一個推出定式太極拳之修煉。

4. 西山懸磬

磬，玉石製成的缽，其體虛空。西者即西方，為祖竅異名，見《性命圭旨・安神祖竅》。在道家稱為上丹田，即泥丸也，為元神所守處。山者即脊背也。這就是說，「西山懸磬」說的是要身正安舒，脊豎、頭虛懸之意。在太極拳中稱為「頂頭懸」或「虛領頂勁」「神貫頂」。

在楊澄甫的《太極拳十要說》中說：「虛領頂勁，即是頂勁虛靈耳，亦即所謂頂頭懸之意也。」不要過於追求「虛領頂勁」，而是保持泥丸「虛領神」或「神虛靈」就夠了，這樣不會出問題。如果你修煉過程中能把後天的意識之神去除掉，則泥丸之神由煉氣化神而恢復了先天之神。所以這個頭如虛懸之磬的狀態是太極拳修煉的重要口訣。你要注意，不論是修煉時或平日生活和工作中都不要忘了「神虛領」這個狀態，它對你養生健體和卻病延年有重要的意義。

「神虛領」在我們這兒是非常重視的，作為入門的第一要領。我們的要求是「神要領、氣要沉」。就是說神要在泥丸百會處虛領，氣要沉到腹以下，心要收到與氣相

合，稱為「心息相依」。如果做靜坐的功夫，則要求氣沉腹丹田。你如果做靜立的功夫，則要求氣沉到湧泉丹田。這是不二法門。但沉氣不能意重，意重就是力，要勿忘勿助，「用之不勤，綿綿若存」。

5. 虎吼猿鳴

在「神虛領」或「虛領頂勁」的「西山懸磬」掌握後，你就要進入「虎吼猿鳴」的內煉階段了。「虎吼猿鳴」講的是「坎離既濟」「心腎相交」「龍虎交媾」的修煉，也就是說的是「神氣相合，以神煉氣」的內容了。

「虎」在道家修煉學問中指的是金虎，或有水虎、白虎之稱。多為隱語。有虎必有龍。黃元吉的《樂育堂語錄》中說：「虎者，猛物也，坎中空陽之氣，此氣純陽，陽則易動，有如虎之難防。此氣最剛，剛則性烈，有如虎之難制，惟有龍之下降，可以伏虎也。」所以喻之以虎吼。大家知道，水在卦為坎，在五行屬水，在身屬腎。水中有真陽之氣，此陽氣純陽，易動且剛如虎之性，故稱之為水虎，又由於坎中一陽由乾金而來，故又稱金氣或稱金虎。道家認為水之色為黑，金之色為白，故又稱為白虎。「也稱為腎金、腎陽、水中金等」。黃元吉又在上文中說：「老子所謂『知白守黑』，又所謂『抱一』者皆是也。白者，金之色。黑者，水之色。知坎有乾金之白，故守水之黑者，正以守黑中之白也。所守者，氣也。守之者，神也。」這就是「神氣合一」「以神煉氣」之說。

猿者，心也。有心猿之說。《悟真篇》講：「心猿方寸機，三千功夫與天齊，自然有鼎烹龍虎。」可見心猿也與龍虎相比喻。猿鳴指心氣活躍，心氣之活躍與腎陽之活

躍，正是內煉的好時機。心者在卦為離，在五行屬火，在身屬心。可見火中有空陰之神，在道家又稱為龍。《樂育堂語錄》云：「惟能於大靜之後，真陰真陽方能兆象，吾然後以離宮之元神下照水府，則水府之金自蓬勃氤氳，直從下丹田鼓蕩。」句中說，在大靜之後，真陰真陽方能兆象，此兆象不正是指此時「虎吼猿鳴」嗎？所以此時以離宮之元神下照水府之元陽而鼓蕩。此之鼓蕩正是靜極而動，是太極之動也。

吳老在修煉時也有同感，其在《宗氣論》一文中說：「當太極拳初煉氣功時，並無若何感覺，只覺練習後，身體略感輕快耳。煉至相當之時日，則腹內腸胃略有腸鳴，漸至龍吟虎嘯之勢。」上面這些都說明太極靜而生動時要以神火助之，達到火逼金行，逆上過尾閭，撞三關，直達泥丸。此時在泥丸要凝神片刻。真如黃元吉《樂育堂語錄》中說：「世之修士，多有知下田凝神之法，而泥丸一所，能知凝神片響者少矣。」

6. 泉清河靜

太極動而生靜，靜至「泉清河靜」，心泉淨而清，身體靜而虛。這樣由陽而陰，於是化成神水甘露。《張三豐注呂祖百字碑》中說得清楚：「太極動而生陰，化成神水甘

黃震寰太極拳勢

露，內有黍米之珠，落在黃庭之中。」「香甜美味，降下重樓，無休無息，名曰甘露灑須彌。訣曰：『甘露滿口，以目送之，以意迎之，送下丹釜，凝結元氣以養之。』養氣到此，骨節已開。神水不住，上下周流，往來不息，時時吞咽，謂之長生酒。」

陳攖寧在詮釋《黃庭》其文時說：「口中之津液，譬如山中之泉水，水性本就下，而泉水能至山頂者，何也？地下之水氣循土脈透石隙而上蒸也。水氣何以上蒸？則以地中含蓄之熱力使然。」所以「泉清」就是指人的「泉水清澈」。《黃庭經講義》中說：「入靜以後，口中將產生一種甘津，如『泉水之清澈』，清涼爽淡，是因身中團聚之熱力，蒸發下焦之水氣，循經路而上升至口中，遂為津液。此津液由煉氣而生，吞入腹中，大有補益，再吞再化氣，循環不休，即為古人所稱的『玉液還丹』。」「河靜」指的是「河海靜默」。在《周易參同契發微》中說：「當其寂然不動，萬慮俱泯之時，『河海靜默』，山岳藏煙，日月停景，璇璣不行，八脈歸源，呼吸俱無，即深入窈冥之中。」所以太極動而生靜，靜則「泉清河靜」。

由此可知，太極動而生靜，靜則「泉清河靜」神水落口，甘露灑須彌。又如長生酒，所以要珍惜這種煉功狀態，愛惜神水玉液。

7. 翻江攪海

「翻江攪海」說的是元氣流動。「翻江」指煉功時，在大靜之後要進行養氣和沉氣的修煉，這是「氣宜直養而無害」，氣滿則沉，沉則一沉到底，在靜站和行拳時，沉則沉到腳底湧泉，此時之氣又將會如泉水之湧，源源不斷

而取之不盡，然而像翻江一樣的沉下去又翻上來。《樂育堂語錄》：「當神氣穩定，但覺氤氳之氣自湧泉穴一路上，久久溫養，便覺渾身上下氣欲沖天，此正當河車時也。」所以說翻江是喻氣翻上頂又降下而通小周天，也即是說氣從湧泉走足三陽而過背之督脈翻上去稱進陽火，到泥丸後，再從身前任脈沉下去稱退陰符。

「攪海」指元氣流動如攪海之鼓蕩。在李時珍的《奇經八脈考》中又說：「督脈起於會陰，循背而行於身之後，為陽脈之總督，故曰陽脈之海。任脈起於會陰，循腹而行於身之前，為陰脈之承任，故曰陰脈之海。」說明任督二脈又是手足六陰六陽十二正經之匯海，所以氣之能由任督二脈之海與十二正經互為鼓蕩而相通。這說明「翻江攪海」使人身之大小周天全部導通了。因為子為北，午為南，好比人身之前後，所以「小周天」又稱為「子午周天」。而卯為東，酉為西，好比人體的左右，左右為四肢正是十二正經的起止點，故十二正經通稱「大周天」，故又稱為「卯酉周天」。此外還有奇經八脈中的其他脈道也應在大周天修煉中打通。

在太極拳的修煉中，還要使身內大小周天和身體外界的虛空環境相和諧，就可以逐步完成「天人合一」的修煉。這樣內通又外通，出則可通出身外，入則可通入身內，也可通入身左右或身後。

8. 盡性立命

盡性立命就是太極拳修煉的目的和歸宿。正如《周易》所提示的，修煉的目的是「窮理盡性以至於命」。窮理是窮盡天地間事物之理。盡性是完善人性到和天性相

同。窮理是知其理，盡性是行其德，知和行合一就可以安身立命。

呂洞賓在《敲爻歌》裏說：「只修性，不修命，此是修行第一病，只修祖性不修丹，萬劫陰靈難入聖。」《樂育堂語錄》：「修命不修性，猶如鑒容無寶鏡。」就是說只修性功不煉命功，則性尚未修明，而命體已壞了，此命之不存，性之焉立？但如只煉命功，不修性功，則心不明，不能獲大智慧、大自在。對一個太極拳手來說，武功很好，但心不清，性不明，亦只是一介武夫而已。這就是「性無命則不立，命無性則不得明」。

明確地說，修性功是指心性的修煉，以完善人的品性，目的是明心而見性，煉命功，就是修煉自己的陽氣，改善人體生命物質。命功屬陽，性功屬陰，只有性命雙修，才能陰陽合一，復歸太極。落實到太極拳裏，要「性修神、命修氣、氣修形」。神是生命的本源，形是生命的依靠，神過用會耗竭，所以要養神和少費神。形過累會敗壞，所以要養形。當然養形先養氣。桓譚在《新論‧形神》中說：「形與神猶如薪與火之關係，神居體，猶火之燃燭矣。」神形合一則生，神與形分則死。所以要修性功以全神，煉命功以全形。

以上引證性命雙修即神氣合一之修，能神氣合一，即是性命合一，則返回太極了，然後就接近道了。

由上討論和詩一首如下：

大道太極修煉歌

無形無象修大道，有無相生動靜因；

全身透空悟太極，不落身上煉陰精；

應物自然神化速，萬般變化如新接；

西山懸磬神虛領，延年益壽常青春；

虎吼猿鳴心腎交，抽坎填離乾健體；

泉清河靜甘露生，玉池清水灌靈根；

翻江攪海周天調，元氣流動天人合；

盡性立命在窮理，性命雙修返無極。

（二）祝大彤《授秘歌》詮釋

祝大彤從學京城太極三大名家楊禹廷、吳圖南、汪永泉，這三位的武學風格與《授秘歌》所闡發的境界十分吻合，祝大彤也因此極為推崇本歌訣，在其著作中多次引用提及。他所倡導的鬆、空、虛、無不與《授秘歌》主旨相同。研讀其詮釋的《授秘歌》當有所啟發。

無形無象

有拳家解釋為氣，不全面。這裏指的是太極拳修煉者「由著熟而漸悟懂勁，由懂勁而階及神明」的「神明」境界。修煉人在盤拳過程中，在前進的路線上會遇到障礙或阻力。修煉者已經修煉到「無形無象」的境界，任何障礙也阻擋不住按套路路線運行，障礙和阻力無效。無形無象是指拳

家的功夫上乘，周身上下內外雙修，心、神、意、氣達到安舒、安靜，外示乾淨。無形無象者全體透空，外來進攻，一切外力釋放不出來。凡接觸到對方力點的部位，都使在對方身上、腰上，腳下站立不穩。

軀體真正是「忘其有己」已經達到其小無內、全體透空的境界，對有無形無象上乘鬆功的拳家，一切進攻，一切大力、小力、挫力，在他身上是進不去的，有摸空、腳下生軸、站立不穩的無奈。

應物自然

前輩大師告訴後來學子，在太極技擊運用中，沒有固定法則，不動不靜，靜中制動，動便是法。左右上下，前進後退由進者決定，守者靜中制動，對方動，我靜，動靜之機，陰陽之母，隨心所欲，運用自如，立於不

敗。這一切要有太極拳綜合功力——內功，身上有了內功，就有「應物自然」「隨心所欲」之境界。太極拳博大精深，心、神、意、氣「海闊天空」，其大無外，這是太極高手鬆功到「全體透空」的神明境界。

鍛鍊陰精

不是說，而是唱的，或是歎的。

民國時軍閥歐陽將軍的兒子是太極拳愛好者，他告訴我，他先父聘請楊澄甫大師為拳師，住在他家中，教他父親歐陽將軍練拳。大師單獨一人練拳時，發出「噫，咳⋯⋯」的聲音，震得室內嗡嗡作響，在院內都聽得見。可見虎吼猿鳴之聲並非訛傳。

氣血流動

說明練太極拳動靜相兼，內外雙修，一動無有不動，外動內靜，內動外靜；慢練太極拳，外靜而內動，不是小動而是大動，似翻江攪海。

人們常說太極拳保健、養生，對消化系統、血液循環系統、中樞神經系統、呼吸系統以及骨骼肌肉的潛能開發都是有益的。唐代人提到人類養生，五臟六腑翻江攪海，水清河靜是科學的養生理論。人們習練太極拳是慢動作進行操練，練拳以鬆、柔、圓、緩行動，為

氣道、血道、經絡通暢創造了條件。如果循規蹈矩練太極拳，有可能多開通若干支微細血管，延年益壽是肯定的，這就是「翻江攪海」「氣血流動」在身上起到的應有的效應。

《授秘歌》的最後一句「盡性立命」，通俗釋為「神氣充足」仍然難以通俗，太極拳人從拳理拳法詮釋，結合拳藝實踐，以「內外雙修」解，通俗貼切，也易於理解，不同學識層次、不同學識修養的太極拳習練者大多能明其理，施藝於身。

性

可稱內修心、神、意、氣的靜，提高道德水準，尊師重教，不以拳為商品，與世無爭，與人無爭，清心靜養，節制貪欲，以免勞神精血。

命

外示安舒，每日操拳活動筋骨，強健體魄，強種衛國。三豐祖師明示：「欲天下豪傑延年益壽，不徒作技藝之末。」

一句話，練太極拳強身、健體、祛病、延年、修身養性，提高社會公德，修養品質，靜養心志。

（三）王培生解析《授秘歌》

王培生為著名太極拳家，主修吳式太極拳，並擅長八卦掌等功夫，注重內功鍛鍊，對中國傳統養生術有深入研究，練習太極拳注重神意氣的修煉。

他所解析的《授秘歌》乃根據自身修煉體悟，言之有據，為理解此歌訣的重要門徑。

無形無象

指的是「氣」。它是看不見、摸不著的。例如空氣，再如練氣功中的採外氣、運內氣發放的外氣，都是無形無象的。一切生物都離不開空氣，一般人幾天不吃飯餓不死，幾分鐘沒有空氣就不行了。人本身還有一種真氣，也叫先天之氣，或稱太和元氣，練功夫重要練的是這個，常言說「內練一口氣」。太極拳老拳譜上說得很清楚，首要的就是「以心行意，以意導氣，以氣運身」。所以，看不見、摸不著的東西，即內氣，才是真正要練的東西。

全身透空

是要求在練功中全身的毛孔都要張開，使其跟大自然相通，即內氣跟外氣相結合，上接天氣，下接地氣。無論站樁功或打太極拳，毛孔都要張

開。練功時無論離牆多麼遠，都好像貼著牆似的，毛孔張開之後，好像一個人佔據了整個空間一般，空間有多麼大，你這人就有多麼大。如在就寢前運用毛孔這種意念，全身自然放鬆，入睡也快。

應物自然

說到「應物自然」，先生拿黃四海學藝的故事來解釋（比喻）其中涵義。據傳，從前有位叫黃四海的富少，騎馬帶家丁行獵歸途中，遇一員薪翁擋住去路，叫家丁上前呼喊：閃開！翁不理睬，仍緩步行進，家丁便上前推搡，不料反被彈回傾跌路旁。黃四海在馬上見狀忙喊：住手，不得無禮！遂下馬緩步隨老翁至一茅屋前。老翁放下柴禾徑入茅屋。黃四海因在途中認定此翁為功夫高超的仙家，遂進屋跪地，要求拜師學藝。老翁不納，黃便跪地不起。老太太怕招惹富家惹來麻煩，便勸老翁收黃為徒。

翁提出三個條件，如能接受方可。第一，我叫你怎麼做，你就怎麼做；第二，功夫學成，不可仗勢欺人；第三，我家場院有個碌碡，屋後有座山，你將碌碡推上山頂，何時推上去，何時收你為徒。

三年工夫富少終於將碌碡推上山頂。黃四海復拜見老翁請

求收徒學藝，老翁說：「你已經學成了。回去讓你的家丁們向你任意進攻，定能應付自如。」黃四海照行體驗，果然奇效。這段故事的意思是說，練武藝要思想端正，專心一意，長期堅持，刻苦鍛鍊。鐵杵磨繡針，功到自然成。功夫練到純熟，遇到什麼情況都能沉著應戰，得心應手，運用自如。

西山懸磬

「西山」指的是前胸，即西方庚辛金。肺屬金，肺葉全張開，是空的才舒暢。懸磬即空懸，要虛其心，虛到什麼程度呢？像廟裏的磬，一碰就響。太極拳身法中就要求含胸，即空胸實腹，上虛下實。這磬亦如磬盡，乾乾淨淨，胸部沒有一點緊張程度，特別的舒服。

學習氣功或練太極拳也要虛心。虛心是什麼也不顧慮，不管別人說什麼，不要有一點懷疑及雜念，一有雜念心裏就緊張，必須恭而敬之。無論練拳或推手都要心平氣和，心平就是沒有雜念，不受外界干擾。只有心平氣才能和，心不平氣也就不能和。練功夫就是求內氣和，還要平心靜氣，這就達到「西山懸磬」的境界了。

虎吼猿鳴

就是喉頭呼吸法。虎吼就是呼氣時一想喉頭，把丹田氣順著喉頭呼出去，發出虎吼的聲響來。當年陳發科老師練拳時盡發這種勁。

「猿鳴」即猴叫喚，是指鼻子吸氣，實際就是想鼻尖。「虎吼猿鳴」，就是醒氣，是指調息的意思。

泉清河靜

是什麼意思呢？因為「虎吼」呼氣，是濁氣下降，「猿鳴」有一種感覺從後面上來，虎吼猿鳴之後，就是上清下濁，即濁氣降下去，清氣升上來，這叫「泉清河靜」。

「泉清」就是腳心湧泉水升上來，肩井水降下去，走的是大周天，是一種修身之法。站樁時，由腳心上來，再由肩井下去，四肢、奇經八脈全在動。做到「泉清河靜」時，橫膈膜以上特別輕鬆舒服，腳底下也覺著，有一種整體的輕靈感，全身成為一體。「泉清河靜」即把湧泉和肩井這兩個穴道上下對正，讓它通暢。

王培生太極拳勢

翻江攪海

翻江就是讓氣下去然後再上來，升上來再降下去，其運行路線是由湧泉到尾閭，由夾脊一直往上到玉枕，貫到

百會，回頭由百會再從前面下去。翻江由後面上，攬海從前面下，這叫逆式呼吸，也叫小周天，然後再通到四肢，這叫大周天，大小周天做到了，第八句就行了，這叫「盡性立命」，就是達到性命雙修了。性在鼻子尖，命在命門穴。就是甲乙丙丁的「乙」字，一頭是性，一頭是命，一走周天，這性、命兩個頭一接上才成圓圈，就是太極。

王培生太極刀勢

勁 氣 方 圓

──古譜《太極拳輕重浮沉解》心解

　　《太極拳輕重浮沉解》為一篇拳論短文，見於《清代
楊氏傳抄太極拳老譜》中，是一篇專論性文章。不同於一
些論述太極拳總綱的概論性文獻，它集中重點論述了
「輕、重、浮、沉」這四種現象，分析得透徹、深入。

　　這四種現象實際上是太極拳勁、氣的四種狀態，不同於
一般的外形招式，在練拳的各個階段都有可能涉及，與太極
拳的每一勢子都密切相關，因此，對於練好太極拳具有很高
的實用價值，這也是將其列入「十三經」的原因所在。

【原文】

雙重為病，失於塡實，與沉不同也。雙沉不為病，自爾騰虛，與重不同也。

雙浮為病，病在縹緲，與輕不例也。雙輕不為病，天然輕靈，與浮不等也。

半輕半重不為病，半者，半有著落也，所以不為病。偏輕偏得為病。偏者，偏無著落也，所以為病。因無著落，必失方圓。半有著落，豈出方圓。

半浮半沉為病，失於不及也。偏浮偏沉，失於太過也。

半重偏重，滯而不正也。半輕偏輕，靈而不圓也。

半沉偏沉，虛而不正也。半浮偏浮，茫而不圓也。

夫雙輕不近於浮，則為輕靈。雙沉不近於重，則為離虛。故曰「上手」。輕重半有著落則為「平手」。除此三者之外，皆為「病手」。

蓋內之虛靈不昧，能致於外之清明，流行乎肢體也。若不窮研輕重、浮沉之手，徒勞掘井不及泉之歎耳。

然有方圓四正之手，表裏精細無不到，則已極大成，又何云四隅出方圓耶。所謂方而圓，圓而方，超乎象外，得其寰中之「上手」也。

【心解】

雙重為病，失於填實，與沉不同也。雙沉不為病，自爾騰虛，與重不同也。

「重」與「沉」不同，重為力之下放，為重心之著

落，「雙重」遲滯而不流暢，形體僵化。沉為勁氣安穩的狀態，沉乃「實中有虛」，故可以「自爾騰虛」。

雙浮為病，病在縹緲，與輕不例也。雙輕不為病，天然輕靈，與浮不等也。

「浮」為漂浮、浮躁，「雙浮」則氣躁無根。「輕」為輕靈、輕柔，是鬆空後的自如狀態，勁、氣流暢，所謂「靜運無慌」。

半輕半重不為病，半者，半有著落也，所以不為病。偏輕偏得為病。偏者，偏無著落也，所以為病。因無著落，必失方圓。半有著落，豈出方圓。

「半」即虛實相間，有變化餘地，所以稱為「有著

雙沉乃自爾騰虛，為上手　　　　雙輕為靈虛自然，為上手
　　　　張勇濤演示　　　　　　　　　高壯飛演示

落」，不死板，保持著靈活性。「偏」失去了變化空間，沒有了虛實，失去了平衡，造成勁斷氣淤，所以稱為「無著落」。

半浮半沉為病，失於不及也。偏浮偏沉，失於太過也。

勁氣浮躁必然為病，「半沉」不能完全鬆沉下去。「偏」為僵化不靈動，也必然為病。

半重偏重，滯而不正也。半輕偏輕，靈而不圓也。

半重偏重仍為偏，半輕偏輕，沒有徹底輕靈。都是拳病。

半沉偏沉，虛而不正也。半浮偏浮，茫而不圓也。

半沉偏沉，沉中有重，不能鬆暢。「浮」即為病，「偏浮」乃病上加病。

夫雙輕不近於浮，則為輕靈。雙沉不近於重，則為離虛。故曰「上手」。輕重半有著落則為「平手」。除此三者之外，皆為「病手」。

概括起來說，「輕」不為病，「浮」為病；「沉」不為病，「重」為病；「半」不為病，「偏」為病。因為「半」為陰陽分明，「偏」為陰陽不分。以此推衍，可知高低上下。

蓋內之虛靈不昧，能致於外之清明，流行乎肢體也。若不窮研輕重、浮沉之手，徒勞掘井不及泉之歎耳。

　　輕、沉是由內而外的功夫修煉，是心意靜虛之後，使得內氣和暢，形體達到沉著中含輕靈的和諧狀態。「輕重浮沉」是太極拳練功中必須面對和解決的問題。

　　然有方圓四正之手，表裏精細無不到，則已極大成。又何云四隅出方圓耶。所謂方而圓，圓而方，超乎象外，得其寰中之「上手」也。

　　太極四正四隅八法運用，也貫穿著輕重浮沉問題。其每一變化需明陰陽，戒浮躁、避雙重，以內功為基礎，以無法而行有法，便可靈動自然，融會貫通，渾厚圓融，達「上手」之層次。

方而圓，圓而方，超乎象外　李樹峻演示

拳 宗 楷 範

──楊澄甫《太極拳說十要》心解

　　這篇拳論最早收錄於1925年陳微明著《太極拳術》一書中，後人引用時，都注明「楊澄甫口授，陳微明筆述」。該拳論一切從實際出發，講解太極拳十大要領，言簡意賅，解釋通俗易懂，針對性強，對學練太極拳具有很強的指導作用，是楊澄甫最為重要的一篇文獻。此文一經問世，便被楊式太極拳奉為習拳遵守的楷模，是學習楊式太極拳的必讀篇章。

　　楊式太極拳為當今習練人數最多的太極拳流派，著名的24式簡化太極拳就是以楊式太極拳勢子為基礎創編的，成為大型活動集體練習的首選套路。

　　楊澄甫還有一篇廣為流傳的太極拳論文章《太極拳之練習談》，這篇文章通常署名為「楊澄甫口述，張鴻奎筆錄」。此文可與《太極拳說十要》對照研讀。

【原文】

一、虛靈頂勁

頂勁者，頭容正直，神貫於頂也。不可用力，用力則項強，氣血不能流通，須有虛靈自然之意。非有虛靈頂勁，則精神不能提起也。

二、含胸拔背

含胸者，胸略內涵，使氣沉於丹田也。胸忌挺出，挺出則氣擁胸際，上重下輕，腳跟易於浮起。拔背者，氣貼於背也，能含胸則自能拔背，能拔背則能力由脊發，所向無敵也。

三、鬆腰

腰為一身之主宰，能鬆腰然後兩足有力，下盤穩固。虛實變化皆由腰轉動，故曰「命意源頭在腰隙」，有不得力必於腰腿求之也。

四、分虛實

太極拳術以分虛實為第一義，如全身皆坐在右腿，則右腿為實，左腿為虛；全身皆坐在左腿，則左腿為實，右腿為虛。虛實能分，而後轉動輕靈，毫不費力；如不能分，則邁步重滯，自立不穩，而易為人所牽動。

五、沉肩墜肘

沉肩者，肩鬆開下垂也。若不能鬆垂，兩肩端起，則

氣亦隨之而上，全身皆不得力矣。

墜肘者，肘往下鬆垂之意，肘若懸起，則肩不能沉，放人不遠，近於外家之斷勁矣。

六、用意不用力

太極拳論云：此全是用意不用力。練太極拳，全身鬆開，不使有分毫之拙勁，以留滯於筋骨血脈之間，以自縛束。然後能輕靈變化，圓轉自如。或疑不用力何以能長力？蓋人身之有經絡，如地之有溝洫。溝洫不塞而水行，經絡不閉則氣通。如渾身僵勁充滿經絡，氣血停滯，轉動不靈，牽一髮而全身動矣。若不用力而用意，意之所至，氣即至焉。如是氣血流注，日日貫輸，周流全身，無時停滯。久久練習，則得真正內勁，即太極拳論所云「極柔軟，然後極堅剛」也。太極拳功夫純熟之人，臂膊如綿裹鐵，分量極沉。練外家拳者，用力則顯有力，不用力時，則甚輕浮，可見其力乃外勁浮面之勁也。不用意而用力，最易引動，不足尚也。

七、上下相隨

上下相隨者，即太極拳論所云「其根在腳，發於腿，主宰於腰，形於手指，由腳而腿而腰，總須完整一氣」也。手動，腰動，足動，眼神亦隨之動。如是方可謂之上下相隨。有一不動，即散亂也。

八、內外相合

太極拳所練在神，故云：「神為主帥，身為驅使。」

精神能提得起,自然舉動輕靈。

架子不外虛實開合。所謂開者,不但手足開,心意亦與之俱開,所謂合者,不但手足合,心意亦與之俱合,能內外合為一氣,則渾然無間矣。

九、相連不斷

外家拳術,其勁乃後天之拙勁,故有起有止,有續有斷,舊力已盡,新力未生,此時最易為人所乘。太極拳用意不用力,自始至終綿綿不斷,週而復始,循環無窮。原論所謂「如長江大海,滔滔不絕」,又曰「運勁如抽絲」,皆言其貫串一氣也。

十、動中求靜

外家拳術,以跳擲為能,用盡氣力,故練習之後,無不喘氣者。太極拳以靜御動,雖動猶靜,故練架子愈慢愈好。慢則呼吸深長,氣沉丹田,自無血脈噴張之弊。學者細心體會,庶可得其意焉。

【心解】

一、虛靈頂勁

頂勁者,頭容正直,神貫於頂也。不可用力,用力則項強,氣血不能流通,須有虛靈自然之意。非有虛靈頂勁,則精神不能提起也。

「虛靈頂勁」的要領有三點要注意把握:一是要領起來,二是要正,三是不可用力。這三者是相互結合的。「頂」的意思就是使「神貫於頂」,並非真用力頂,方法

是只要保持頭項正直，將頭
頂百會穴虛起，自然就神貫
頂了。如果不正，就實現不
了。在頭頂虛靈時，脖子只
要做到「豎起」「順起」即
可，不能梗硬。

　　做到「虛靈頂勁」的目
的是在練拳中始終保持神意
飽滿的狀態。練太極拳應該
是越練越有精神。

楊澄甫太極拳勢　虛靈頂勁

　二、含胸拔背

　　含胸者，胸略內涵，使氣沉於丹田也。胸忌挺出，挺
出則氣擁胸際，上重下輕，腳跟易於浮起。拔背者，氣貼
於背也，能含胸則自能拔背，能拔背則能力由脊發，所向
無敵也。

　　表面是對「形」的要
求，實質是為了練「氣」的
需要。含胸，楊澄甫強調，
「使氣沉於丹田也」，拔
背，使「氣貼於背也」。所
以在含胸拔背中，不僅要檢
查外形是否符合規範，還要
細緻體查內氣的狀態是否達
到了要求。指出挺胸乃楊式
太極拳的一大弊病，力由脊

楊振鐸太極拳勢　含胸拔背

276

發，乃楊式太極運勁方法。

三、鬆腰

腰為一身之主宰，能鬆腰然後兩足有力，下盤穩固。虛實變化皆由腰轉動，故曰「命意源頭在腰隙」，有不得力必於腰腿求之也。

重點論腰。腰之地位為「一身之主宰」，腰的狀態一要鬆，二要活。鬆了，氣、勁才能順，傳導才能通，就會兩

楊振基太極拳勢　鬆腰

足有力，下盤穩固。否則，上下部分是斷的，不貫通，特別是如果氣上下不通，就會虛實不明。「活」就是所有動作都由腰來轉動引領，要想「活」，必須要「鬆」。所謂「不得力」，就是勁不整，不能氣達梢節，就是腰沒有完全鬆開的原因。

特別應該注意的是，太極拳中的「轉腰」，不僅僅單一方面的橫向平轉，還包括縱向等各個方向的轉動，是圓轉變換之意。

下盤穩定是太極拳的身法要領，在上一句和本句中反復進行了強調。

四、分虛實

太極拳術以分虛實為第一義。如全身皆坐在右腿，則右腿為實，左腿為虛；全身皆坐在左腿，則左腿為實，右

腿為虛。虛實能分，而後轉動輕靈，毫不費力；如不能分，則邁步重滯，自立不穩，而易為人所牽動。

虛實是整個身體的一種狀態，在虛實分清時，全身處於一種動態平衡之中。在腳下虛實分清的同時，還要注意體察身體各個部位的相互關係，各部分也有虛實問題。

楊振國太極拳勢　虛實分明

五、沉肩墜肘

沉肩者，肩鬆開下垂也。若不能鬆垂，兩肩端起，則氣亦隨之而上，全身皆不得力矣。墜肘者，肘往下鬆垂之意，肘若懸起，則肩不能沉，放人不遠，近於外家之斷勁矣。

楊澄甫太極拳勢　沉肩墜肘

沉肩墜肘的目的還是在於沉氣，練拳氣不能上浮。沉肩墜肘是同時一體的，行拳中身體處於一種鬆沉狀態，因為手肘運動較多，容易造成上掀外翻。手肘與肩相連，所以要重點強調沉肩墜肘。

推手之時，如能做到鬆沉，則氣貫臂、手，就會「掛」住對方，使其感到千鈞之力，不能撼動我半分。

六、用意不用力

太極拳論云：此全是用意不用力。練太極拳，全身鬆開，不使有分毫之拙勁，以留滯於筋骨血脈之間，以自縛束。然後能輕靈變化，圓轉自如。或疑不用力何以能長力？蓋人身之有經絡，如地之有溝洫。溝洫不塞而水行，經絡不閉則氣通。如渾身僵勁充滿經絡，氣血停滯，轉動不靈，牽一髮而全身動矣。若不用力而用意，意之所至，氣即至焉。如是氣血流注，日日貫輸，周流全身，無時停滯。久久練習，則得真正內勁，即太極拳論所云「極柔軟，然後極堅剛」也。太極拳功夫純熟之人，臂膊如綿裹鐵，分量極沉。練外家拳者，用力則顯有力，不用力時，則甚輕浮。可見其力乃外勁浮面之勁也。不用意而用力，最易引動，不足尚也。

太極拳為尚意之運動，「煉意」是其核心，「用意不用力」是強調用意的突出地位。對此楊澄甫也極為重視，本條要領在十要中相對論述字數最多，最為詳盡。

用意也有方法，不能亂用意，也不能過分著意，否則會造成氣機紊亂。不用力是不用拙力，並非軟塌塌的鬆散。心意一動，肢體運動油然而生，自然而動。技擊訓練中有「運勁」之法，「勁」是改造、昇華了的力。

楊澄甫太極拳勢　用意不用力　　練拳時須保持意念的安

靜、靈活，意動則氣動，從而激發內勁的產生。如何不用力，楊澄甫說得很清楚，要「全身鬆開」，只有鬆開了，沒有僵勁，也就是力，才能意氣靈動，意到氣到，產生真正的「內勁」。

七、上下相隨

上下相隨者，即太極拳論所云「其根在腳，發於腿，主宰於腰，形於手指，由腳而腿而腰，總須完整一氣」也。手動，腰動，足動，眼神亦隨之動。如是方可謂之上下相隨。有一不動，即散亂也。

上下相隨動作要一起動，還要有整體的協調性，有內在

楊澄甫太極拳勢　上下相隨

的連帶關係，所以不僅是「完整一起」，還要「完整一氣」。楊澄甫強調了兩點，一是腰，對動作有主宰作用。一是眼神，眼神也要「隨」，與動作相配合，所謂「左顧右盼」。

八、內外相合

太極拳所練在神，故云「神為主帥，身為驅使」。精神能提得起，自然舉動輕靈，架子不外虛實開合。所謂開者，不但手足開，心意亦與之俱開；所謂合者，不但手足合，心意亦與之俱合。能內外合為一氣，則渾然無間矣。

拳架有虛實開合，在拳架動作開合的時候，心意也隨

楊澄甫太極拳勢　內外相合

之開合。因此這個「合」也有「隨」之意。實質就是練拳的時候，每一個外形動作的變化，都有神意的變化在其中，由外動帶動了內動。合的元素有很多種，拳家們總結了最基本的六合，即「外三合」與「內三合」，內三合指「心與意合、意與氣合、氣與勁合」；外三合指「肩與胯合、肘與膝合、手與足合」。外三合的同時要做到內三合，六合為「一氣」。

九、相連不斷

外家拳術，其勁乃後天之拙勁，故有起有止，有續有斷，舊力已盡，新力未生，此時最易為人所乘。太極拳用意不用力，自始至終綿綿不斷，週而復始，循環無窮。原論所謂「如長江大海，滔滔不絕」，又曰「運勁如抽絲」，皆言其貫串一氣也。

相連不斷要從三個層次來理解，一，太極拳套路的外形動作，柔和連綿，連貫自然；

楊澄甫太極拳勢　相連不斷

二，太極拳的勁力，運轉如抽絲；三，太極拳的意念，綿綿不絕，如長江大河。

十、動中求靜

外家拳術，以跳躑為能，用盡氣力，故練習之後，無不喘氣者。太極拳以靜御動，雖動猶靜，故練架子愈慢愈好。慢則呼吸深長，氣沉丹田，自無血脈噴張之弊。學者細心體會，庶可得其意焉。

太極拳之動有別於外家拳，就是不是單純的「動」，是一種「複合式」的動，這個「複合」就體現在動中有靜，動就是靜，動靜合一，同樣，靜也是動。怎麼實現動就是靜、雖動猶靜？要慢練，楊澄甫說「愈慢愈好」，慢中才能氣沉丹田，氣血平和。所以，這裏的「動」是動作、招式，「靜」是意、氣、血的柔靜狀態。

楊振鐸太極拳勢　動中求靜

【附：楊澄甫「太極拳之練習談」】

中國之拳術，雖派別繁多，要知皆寓有哲理之技術。歷來古人窮畢生之精力，而不能盡其玄妙者，比比皆是。學者若費一日之功力，即得有一日之成效，日積月累，水到渠成。

太極拳，乃柔中寓剛、綿裹藏針之藝術，與技術上、生理上、力學上，有相當之哲理存焉。故研究此道者，須經過一定之程序與相當之時日。雖然良師之指導、好友之切磋固不可少，而最要緊者，是在逐日自身之鍛鍊。否則，談論終日，思慕經年，一朝交手，空洞無物，依然是個門外漢者。未有逐日功夫，古人所謂，終思無益，不如學也。若能晨昏無間，寒暑不易，一經動念，即舉摹練，無論老幼男女，及其成功則一也。

近來研究太極拳者，由北而南，同志日增，不禁為武術前途喜。然同志中，專心苦練，誠心向學，將來不可限量者，固不乏人。但普通不免入於兩途：一則天才既具，年力又強，舉一反三，穎悟出群。惜乎稍有小成，便是滿足，遽爾中輟，未能大受；其次急求速效，忽略而成，未經一載，拳、劍、刀、槍皆已學全。雖然依樣葫蘆，而實際未得此中三昧，一經考究其方向動作，上下內外，皆未合度。如欲改正，則式式皆須修改，且朝經改正，而夕已忘卻。故常聞人曰：「習拳容易改拳難。」此語之來，皆由速成而致此。如此輩者，以誤傳誤，必致自誤誤人，最為技術前途憂者也。

太極拳開始，先練拳架。所謂拳架者，即照拳譜上各

式名稱，一式一式由師指教，學者悉心靜氣，默記揣摩，
而照行之，謂之練架子。此時學者應注意內外上下：屬於
內者，即所謂用意不用力，下著氣沉丹田，上則虛靈頂

楊澄甫中年拳照

勁；屬於外者，周身輕靈，節節貫串，由腳而腿而腰，沉肩屈肘等是也。初學之時，先此數句，朝夕揣摹而體會之。一式一手，總需仔細推求，舉動練習，務求正確。習練既純，再求二式，於是逐漸而至於習完。如是則毋事改正，日久亦不致變更要領也。

習練運行時，周身骨節，均須鬆開自然。其一，口腹不可閉氣；其二，四肢腰腿，不可起強勁。此二句，學內家拳者，類能道之。但一舉動，一轉身，或踢腿擺腰，其氣喘矣，其身搖矣，其病皆由閉氣與起強勁也。

摹練時，頭部不可偏側與俯仰，所謂要「頂頭懸」。若有物頂於頭上之意，切忌硬直，所謂懸字意義也。目光雖然向前平視，有時當隨身法而轉移。其視線雖屬空虛，亦為變化中一緊要之動作，而補身法手法之不足也。其口似開非開，似閉非閉，口呼鼻吸，任其自然。如舌下生津，當隨時咽入，勿吐棄之。

身軀宜中正而不倚。脊樑與尾閭，宜垂直而不偏。但遇開合變化時，有含胸拔背、沉肩轉腰之活動，初學時節須注意，否則日久難改，必流於板滯。功夫雖深，難以得以致用矣。

兩臂骨節均須鬆開，肩應下垂，肘應下曲，掌宜微伸，手尖微屈。以意運臂，以氣貫指，日積月累，內勁通靈，其玄妙自生矣。

兩腿宜分虛實，起落猶似貓行。體重偏於左者，則左實，而右腳謂之虛；移於右者，則右實，而左腳謂之虛。所謂虛者，非空，其勢仍未斷，而留有伸縮變化之餘意存焉。所謂實者，確實而已，非用勁過分、用力過猛之謂。

故腿曲至垂直為準，逾此謂之過勁。身軀前撲，即失中正姿勢。

　　腳掌應分踢腿（譜上左右分腳或左右起腳）與蹬腳二式。踢腿時則注意腳尖，蹬腳時則注意全掌。意到而氣到，氣到而勁自到。但腿節均須鬆開平穩出之。此時最易起強勁，身軀波折而不穩，發腿亦無力矣。

　　太極拳之程序，先練拳架（屬於徒手），如太極拳、太極長拳；其次單手推挽、原地推手、活步推手、大捋、散手；再次則器械，如太極劍、太極刀、太極槍（十三槍）等是也。

　　練習時間，每日起床後兩遍，若晨起無暇，則睡前兩遍。一日之中，應練習七八次，至少晨昏各一遍。但醉後、飽食後，皆宜避忌。

　　練習地點，以庭院與廳堂，能通空氣、多光線者為相宜。忌直吹之烈風與有陰濕黴氣之場所。因身體一經運動，呼吸定然深長，故烈風與黴氣，如深入腹中，有害於肺臟，易致疾病也。練習之服裝，以寬大之中服短裝與闊頭之布鞋為相宜。習練經時，如遇出汗，切忌脫衣裸體，或行冷水揩抹，否則未有不罹疾病也。

太極武術教學光碟

太極功夫扇
五十二式太極扇
演示：李德印 等
(2VCD)中國

夕陽美太極功夫扇
五十六式太極扇
演示：李德印 等
(2VCD)中國

陳氏太極拳及其技擊法
演示：馬虹(10VCD)中國
陳氏太極拳勁道釋秘
拆拳講勁
演示：馬虹(8DVD)中國
推手技巧及功力訓練
演示：馬虹(4VCD)中國

陳氏太極拳新架一路
演示：陳正雷(1DVD)中國
陳氏太極拳新架二路
演示：陳正雷(1DVD)中國
陳氏太極拳老架一路
演示：陳正雷(1DVD)中國
陳氏太極拳老架二路
演示：陳正雷(1DVD)中國
陳氏太極推手
演示：陳正雷(1DVD)中國
陳氏太極單刀・雙刀
演示：陳正雷(1DVD)中國

郭林新氣功
(8DVD)中國

本公司還有其他武術光碟
歡迎來電詢問或至網站查詢
電話：02-28236031
網址：www.dah-jaan.com.tw

原版教學光碟

歡迎至本公司購買書籍

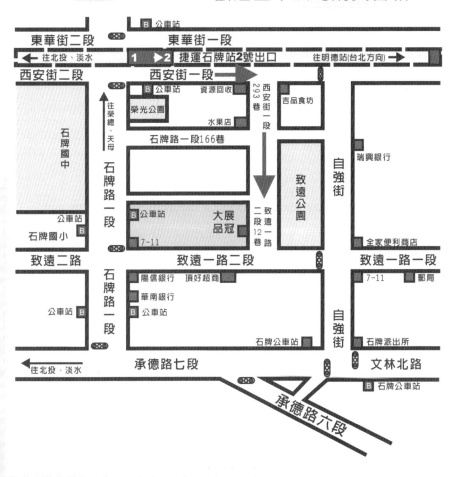

建議路線

1. 搭乘捷運‧公車

　　淡水線石牌站下車，由石牌捷運站2號出口出站(出站後靠右邊)，沿著捷運高架往台北方向走(往明德站方向)，其街名為西安街，約走100公尺(勿超過紅綠燈)，由西安街一段293巷進來(巷口有一公車站牌，站名為自強街口)，本公司位於致遠公園對面。搭公車者請於石牌站(石牌派出所)下車，走進自強街，遇致遠路口左轉，右手邊第一條巷子即為本社位置。

2. 自行開車或騎車

　　由承德路接石牌路，看到陽信銀行右轉，此條即為致遠一路二段，在遇到自強街(紅綠燈)前的巷子(致遠公園)左轉，即可看到本公司招牌。

國家圖書館出版品預行編目資料

太極密碼(4)——太極十三經心解／余功保　編著
——初版，——臺北市，大展，2015〔民104.01〕
面；21公分 ——（武學釋典；18）
ISBN　978-986-346-056-5（平裝）

1.太極拳

528.972　　　　　　　　　　　103022847

【版權所有・翻印必究】

太極密碼(4)——太極十三經心解

編 著 者／余功保
責任編輯／張建林
發 行 人／蔡森明
出 版 者／大展出版社有限公司
社　　　址／台北市北投區（石牌）致遠一路2段12巷1號
電　　　話／（02）28236031・28236033・28233123
傳　　　眞／（02）28272069
郵政劃撥／01669551
網　　　址／www.dah-jaan.com.tw
E - mail ／ service@dah-jaan.com.tw
登 記 證／局版臺業字第2171號
承 印 者／傳興印刷有限公司
裝　　　訂／承安裝訂有限公司
排 版 者／弘益電腦排版有限公司
授 權 者／北京人民體育出版社
初版1刷／2015年（民104年）1月

定 價／250元

●本書若有破損、缺頁請寄回本社更換●

大展好書　好書大展
品嘗好書　冠群可期

大展好書　好書大展

品嘗好書　冠群可期